資優學園 **06**

考試高手學習法

國小篇

恩主編

陳 光

前言

「黑板上老師的粉筆還在拼命唧唧喳喳寫個不停，等待著下課，等待著放學，等待遊戲的童年。」曾經是我們多麼熟悉的歌聲啊！可是曾幾何時，這熟悉的歌聲對我們來說已經漸行漸遠，這種熟悉的場景對我們來說也只能成為永恆的追憶了。

孩子在家庭與學校的「訓練」之下已經變得越來越聽話，越來越規矩，但也同時變得越來越辛苦。社會上「幫孩子減壓」的口號已經喊了好幾年了，但這幾年來家庭與學校除了給孩子「加壓」之外，給孩子減少的到底是什麼呢？除了越來越少的休息時間與遊戲時間，孩子們還能擁有什麼？

看到這裡，相信小朋友們一定會感到非常的高興，因為終於有人站出來幫你們說一句「公道」話了。其實，我們也沒有辦法幫你們減壓，因為該學的你們還是要學，該磨練的你們還是要磨練。

因為社會也有社會的需要，而且社會所需要的任何一個人才必須從小就開始培養，況且你們現在正是精力最旺盛和頭腦最靈活的時候，學習起來根本就不用費太大的力氣。學校裡的

那些科目，其實沒有你們學不會或太難學的東西，但是你對學習的態度決定了你能夠學到多少知識。

當然，該玩的時候你們還是要盡情地玩，而且一定要玩得痛快、玩得盡興，因為我們一直認為不會玩的孩子就不會學習。在這本書裡，我們就是要告訴你如何將學習變成好玩的遊戲，如何讓你快樂的面對各科的作業，如何讓你在考場上輕鬆的獲得高分。

不要害怕考試，因為你本身很聰明，而考試是一種很好的證明你聰明的方法。當然，考場上的失敗誰都會碰上的，包括你的老師，你的父母，他們面對考試的時候也曾經失敗過，但他們最後還是成功了。而你現在比你的老師、父母小時候聰明多了，你當然比他們還要厲害。

這是一本教你如何做好孩子、好學生的書，也是一本教你如何成為考試高手的書。書中所介紹的學習方法深入淺出，循序漸進，突破了傳統學習方法的侷限性與盲目性。我們衷心的希望這本書能夠成為小朋友學習的好助手，使小朋友在學習的過程中不再感到迷茫、困惑與徬徨，進而能夠輕鬆、快樂的學習，在學習中真正的釋放自己。

目錄

第一章

培養自己的學習素質

1 為自己的理想而學習

　　小朋友為什麼要學習？或許小朋友曾不只一次的這樣問過自己，或許小朋友也曾經問過自己的父母、老師和同學。但所得到的答案卻依然滿足不了小朋友的好奇心，小朋友依然在為這些問題而感到苦惱。因為小朋友自己認為的答案可能是由於父母和老師逼著學習，所以不得不學；父母給小朋友的答案可能是為了出人頭地、為了光宗耀祖、為了能夠成功而學習；而老師的答案卻可能是為了報答父母的養育之恩、為了能夠考上大學而學習。至於同學的答案當然就不用說了，十有八九應該是「英雄所見略同」吧！

高手學習法

　　現在，小朋友應該知道自己要找的答案是什麼了吧！學習，並不是完成任務，不是為我們的父母而學習，不是為我們的老師而學習，也不是為我們的學校而學習，而是為了我們的願望和目標而學習。因為小朋友不可能沒有夢想，不可能沒有目標，而小朋友的夢想會使你超越、擺脫平庸；會使小朋友感動自己，感召他人，更為重要的是為了自己偉大的理想而學習

會使你領略生命的美好和奮鬥的意義，並因此而實現人生的價值！

擁有夢想的人是幸福的，擁有目標的人是可貴的。但在實現夢想與目標的過程中，小朋友依然有漫長的路要走，在前進的路上有鮮花，有掌聲，也會有一些荊棘，所有的一切都是正常的。請一定要記住，在還沒有實現你的夢想和達到你的目標之前，千萬不要在路上停留太久，以免耽誤了你的行程，因為你的目標在遠方。

確定自己的目標之後，一定不要忘記給自己反省的機會。不管小朋友的理想是什麼，如果小朋友沒有知識，你就無法實現，而獲取知識的方法除了學習，並沒有其他的捷徑可走。

我們不能光知道作夢，因為再好的夢也終歸會有醒來的時候，如果小朋友不為自己的人生夢想去學習、去奮鬥，夢醒時分，除了那個破碎的夢，你還能留住什麼呢？如果小朋友為了自己的夢想和目標去學習，那麼學習將不再是一項艱巨的任務，學習將是你實現人生價值的生命意義的基石。這是一件多麼有趣的事情呀！

從此，小朋友將不用再擔心老師規定的作業，因為你會主動去尋找練習題；小朋友也不用再害怕聽到父母催促的聲音，因為你會主動的去學習。

2 充滿必勝的信心

　　信心，是小朋友獲取知識的一種無形的力量。只要小朋友擁有了這種力量，就沒有任何困難能夠阻擋你前進的步伐，小朋友將會在知識的海洋裡自由的遨遊。信心，可以來自於父母、老師和同學對你的鼓勵，但更重要的是來自於你本身，只要小朋友相信自己、肯定自己，你就不會有問題！

高手學習法

1.把「我行嗎？」變成「我行！」

　　我們經常可以看到一種情況：有的小朋友平時很努力，幾乎所有科目的學業成績都不錯，但某一科的學業成績卻始終難以提高。這是為什麼呢？有的人可能會說這是腦子不聰明，但如果真的是腦子不聰明的話，其他的科目他為什麼能夠學好呢？那麼，是這門功課太難了嗎？

　　心理學家對此進行了研究，結果發現，並不是因為腦子笨或某一門功課特別難的原因，而是由於有的小朋友自認為學不

好這些功課。試想一下，在這種不良心理暗示的作用下，小朋友對學習會採取主動的方式嗎？當然不會，所以每次上這門科目時，小朋友除了等待下課鈴聲響起之外，根本沒什麼事可做，小朋友連學都沒學，成績又怎能好得了？其實，心理學家的研究已經明確的告訴我們，這些所謂「學不好的功課」其實只是自己嚇唬自己而已。在心理學上把這種情況稱為「消極心理暗示」。

怎麼辦呢？辦法當然有，而且很多，但重要的是小朋友必須採取積極的心態變被動為主動，只要能做到這一點，這種消極的心理暗示便會不攻自破。最好的辦法是，每天清晨，面向窗外大喊幾聲：「我行！我是最棒的！」或者面對鏡子裡的自己，大聲喊著自己的名字說：「你一定行！你是最棒的！」也可以經常在心裡用堅定的語氣對自己說：「沒有人比我聰明，我並不比別人笨。他們能學好這門科目，我也能！」然後找出自己那些致命的弱點，對症下藥，小朋友很快就會發現，擋在自己面前的那隻「紙老虎」原來竟是那麼的不堪一擊。

這種反覆強調的話語雖然非常的簡單，卻是妙用無窮，足以激勵我們自己，可以在我們心裡產生一種直接的暗示，並使之逐漸滲透於內心，引起你心靈強烈的共鳴，進而讓我們獲得勇往直前的力量和必勝的信心。事實也一定會證明：

小朋友你真的很棒！

2.和自己比

在學校裡，那麼多同學在一起學習，競爭是不可避免的。而且，由於種種原因，每個人的學習情況總是有些差異的，尤其是每次考試之後，總是有的同學考試分數高一些，有的低一些，大家都會有意無意地彼此比較分數。實際上，這種比法對於進步的幫助並不太大。爲什麼呢？和分數高的同學比容易灰心喪氣，產生自卑心理；與分數低的同學比，又會沾沾自喜，容易產生驕傲情緒。每個人的環境、條件、能力各不相同，盲目地「比」，勢必會作繭自縛，不僅無益，反而有害。

想要進步快，關鍵並不是單純地和別人比，而是主要和自己比。

和自己「比」，有益於將注意力集中在解決問題上，有利於總結經驗，汲取教訓。例如：某次考試得了90分，想一想爲什麼沒有得到滿分，那10分是怎樣丟掉的呢？爲什麼？今後應該怎樣做？這樣做肯定會比和別人比分數更有意義得多。

而且，和自己「比」能更清楚地看出進步。第一次考試得了85分，經過努力，第二次得了88分。也許與別人比算不了什麼，但與自己比，你確實已經進步。只要這樣一點一點地超越

自己，還怕戰勝不了別人嗎？

所以，你的對手不是別人，而是你自己！

3.「心想事成」的秘密

我們常常會聽到一句祝福的話：「心想事成！」其實，「心想事成」並不僅僅是一句美好的祝福，而是一種科學的依據。

人的心理暗示的力量是無窮的。如果心理暗示朝向正面，那麼，你就會被它引導而逐漸走向成功。相反，如果心理暗示朝向負面，小朋友就會走向失敗邊緣。「將自己看成資優生，你就一定能成為資優生」，「想著失敗你就無法成功」……這是心理學家揭示的「心想事成」的秘密。

將自己看成資優生，小朋友的你必然會在言行上向資優生看齊。時間一久，習慣成自然，必然會影響到自己的心態和行動。漸漸地，你便會掌握了資優生的學習方法，養成了資優生的良好習慣，進而產生出不可思議的變化。最後，心想事成，你理所當然就是資優生了。因為，人的潛力是無窮的，積極的心態會讓你挖掘出無窮的潛力，相反，消極的心態會埋沒掉你很多的智慧。

有的同學，碰到問題總習慣說「不會」，結果他就真的

解決不了這個問題。同樣，在考場上面對考題，你如果這麼想：「哎呀，這麼難！我肯定考不好。」這樣一來，你的考試成績能好得了嗎？因為，負面的心理暗示已經影響到你潛在的智慧和力量的發揮。

所以，不管在任何情況下，一定不要自己先打垮了自己，不要讓負面的心理暗示束縛了你的手腳。堅信自己一定能成功，堅信自己一定能解決難題，那麼，你一定會心想事成！

4.永遠不要誇大失誤

失誤是在所難免的。連我們的父母和老師都會出現失誤，對於還是小學生的你來說，由於心智發展還不夠成熟，出現失誤更是在所難免的。如果你在失敗後一味地誇大失誤，只會產生更大的挫折感和自卑心理，使自己精神頹廢，陷入惡性循環。

所以，當小朋友偶爾失敗，或者連續幾次遭遇失敗的時候，還是小學生的你依然沒有必要驚慌。雖然失敗總會有失敗的原因，但絕對不是因為你太笨或者腦子不夠聰明造成的，因為再聰明的人也會有失敗的時候，而且他們失敗的次數並不比你少。所以，小朋友應該盡快使自己冷靜下來，認真地尋找失誤的原因。比如，數學考試考不好，很多本來會的題目竟然做

錯了，那麼，這就是很明顯的失誤。你應該找找原因，是計算錯誤呢？還是由於粗心看錯了題目？只要找到了原因，汲取了教訓，下次你還會再出現這樣的錯誤嗎？如果小朋友還犯同樣的錯誤，那麼可能是你沒有完全把心思放在學習上，不能怪你腦子不行。還有一種可能是你太緊張啦，下次注意放輕鬆點，你肯定行。

所以，千萬不要一味地誇大失誤，責備自己，過分強調與之相關的某種缺點，例如，「我總是這麼慌張」、「我每次都很粗心」等等，那些帶有否定性的「總是」、「每次」會把你的「自我暗示」引向負面，讓你越來越沒自信。小朋友應該堅定地告訴自己：「我只是偶爾犯下錯誤」、「我還會做得更好的」。這樣才能使「自我暗示」朝向正面發展，使小朋友下次不再犯同樣的錯誤，保持良好的心態和必勝的信念。

5.不鳴則已，一鳴驚人

分數只是個表面象徵，在考試中經常拿滿分的人，並不意味著他的學習很成功。如果他不能靈活地運用所學的知識，熟練地解決今後在工作和生活中所遇到的實際問題，那麼，他還不能算是一個成功者。

不要過分地羨慕那些在考試中經常拿滿分的人，也不必嫉妒他們。當然，如果還是小學生的你經常在考試中拿滿分的話，說明你在前面的學習是成功的，但這些成功只能代表過去。所以，小朋友千萬不要驕傲自大，要知道那些成績排在你後面的同學並非平庸之輩，他們很快就會追趕上來，就算他們沒有追上來，由於你驕傲自滿的原因，漸漸地會失去學習的動力，你的成績理所當然就會走下坡。

在我們的學習中常常有這種情況，那些屢遭挫敗、平時成績普通的同學，在關鍵的考場上卻能表現出驚人的實力，獲得成功，而那些總是考滿分、被認為成績優秀的同學，卻往往考得不盡如人意。原因就在於，平時成績普通的人具有「失敗的經驗」，他們早已做好心理準備，面對任何可能發生的失敗或成功都能保持平和的心態，在緊要關頭能夠輕鬆自如地控制自己的情緒，消除緊張感，輕裝上陣，所以能夠一鳴驚人。而那些平時總是考滿分的同學往往過分計較得失，他們沒有過失敗的經驗，因此也缺乏相關的心理準備。一旦受挫就無法控制情緒的波動，自信全無。結果，在緊要關頭一敗塗地。可見，失敗經驗對於人的一生是多麼的重要。有過失敗經驗的人，就算遭受太多的挫折也能勇敢地站起來，汲取失敗的教訓，不斷改正自己，並在關鍵時刻充分發揮自己的實力。

6.適度的不安使人進步

我們常說，一個有自信的人才會有積極的生活和學習態度。但同時，心理學家的研究也證明，適度的不安更容易使人進步，用一句成語來說就是「居安思危」。因為有差距，才會有不安感。因此，不安感實際上就是一種壓力。當這種壓力在適度的時候，它將會促使小朋友不斷努力學習、刻苦鑽研、用心記憶，不斷改變自己，成績就會迅速提升。而那些過分自信、盲目自大的人，則很容易陶醉在過去的優異成績上，反而被別的同學急起直追。

所以，適度的不安感是推動我們進步的動力。但是，需要注意的是，如果每天學習的時候過度緊張，那麼，這種不安感就不再是動力，而是變成了阻力。

7.良好的學習習慣能使小朋友受益終生

有句古話：「勿以善小而不爲，勿以惡小而爲之。」意思是說，不要因爲一件不起眼的好事就不去做，也不要因爲一件不起眼的壞事就去做。這是因爲不論是好事、壞事，只要養成了做的習慣，以後就會自然而然地去做。所以，習慣的養成，如同滴水穿石，是一點一滴，經年累月地逐漸發展起來的。

當你想要養成一種好習慣或改變一種壞習慣時，必須從小事做起，而且一開始就要有堅定的決心，同時，在取得徹底勝利之前，不能有絲毫的鬆懈，要一直堅持到把好習慣變成自然，把壞習慣徹底改造爲止。例如：你想要養成每天認眞完成作業的好習慣，那麼，當你寫作業時，無論多麼吸引人的電視節目也不能去看，無論哪位小朋友來邀約也不能出去玩，一定要把當天的作業全部認眞地完成之後再休息。

　　可見，一個習慣的養成與改變的過程，實際上就是一個挑戰自我、與惰性做抗爭的過程。要養成好的習慣需要堅定的信心和堅持到底的決心。養成好習慣的過程是艱苦的，因爲小朋友要拒絕很多的誘惑，但好習慣一旦養成，你就能在學習上取得意想不到的進步，而且會讓你終生受用。

8.獨立解決問題能讓你更聰明和更堅強

　　小朋友是否有過這樣的經歷？比如在寫作文時，碰到不會寫的字就留一個空格，等老師替你補上；碰到不會演算的數學題也不願多思考，就等著老師來講解；碰到不會發音的英文字母也不願意自己摸索，而是等待老師過來教你。小朋友一定會認爲這種學習方式非常的輕鬆吧！但你有沒有這樣想過？如果是在考場上碰到這種問題時該怎麼辦呢？到時小朋友可能就會後悔，如果自己當初學會獨立解決問題就好了。

所以，為了自己以後在考試時能夠從容地應對，小朋友一定要從現在起開始破除自己在學習上的依賴性，樹立起克服困難的意志力。慢慢的，你獨立解決問題的習慣就會培養起來了。

小朋友應當明白的是，學習是自己的事，克服困難要依靠自己的力量。而且，更重要的是，當你們長大之後，總有一天要離開父母、離開老師，當在生活中和工作中碰到各式各樣的困難時，你怎麼辦呢？

所以，同學們從小就應該養成獨立解決問題的習慣，不論是學習上的問題還是生活中的問題，都盡量依靠自己的力量去解決。比如，遇到不會寫的字，不要輕易向老師、父母求助，而應該先動手查字典，這樣，不僅能找出自己不會的字的正確寫法和讀音，同時也瞭解了這個字相關詞彙的豐富含意，擴大了自己的詞彙量，豈不是一舉數得？

一旦養成了獨立解決問題的習慣，你解決問題的能力就會越來越強，你自然就會變得更加聰明和更加堅強了。

9.六個讓小朋友增強信心的習慣

習慣是一種無形的力量，有很多良好的習慣能夠讓小朋友覺得內心充滿了力量，充滿了信心。下面我們介紹的這六

個習慣是其中的代表，而且並不難養成，更重要的是一旦小朋友養成了這些良好的習慣，你就會發現生活原來竟是這麼的美好，每天的太陽都是新的。

習慣之一：面帶微笑。臉部表情與人的內心體驗、感受是一致的。

一個經常面帶微笑的人必然是自信而且昂揚向上的。笑是快樂的表現，笑能振奮精神，能使人產生信心和力量。習慣微笑，尤其要習慣在承受挫折時仍面帶微笑，那麼，小朋友的信心一定會大增。現在，就請你面對鏡子，自然地微笑，體驗一下自己內心的感受吧！

習慣之二：走路抬頭挺胸。人的姿勢與步伐和人的內心體驗有著極為密切的關聯。

人在充滿信心時，自然會抬頭挺胸，目視前方，走起路來步伐堅定有力。另外，走路時速度稍快，有助於增強你的自信心。

習慣之三：關注自己的優點。

在筆記本上列出你自己的全部優點，不論是哪方面（細心、眼睛好看等等，多多益善），都把它寫下來，小朋友就會發現，原來自己竟然有這麼多優點。在做任何事情時，多想想

這些優點，這對提升自己的信心有很好的作用。

習慣之四：與有自信的人多接觸。

古人云：「近朱者赤，近墨者黑。」這點對增強自信同樣適用。結交一些充滿自信的朋友，不知不覺中，小朋友也會被他們感染，逐漸變得有自信。

習慣之五：與人交談時要看著對方的眼睛。

與人交談時看著對方的眼睛是一種禮貌、友好的行為，同時也能有效地增強自信。在交談中目光閃爍、躲躲閃閃的人往往是沒自信的。

習慣之六：保持整潔、得體的儀表。

注意運動，保持健康的身體狀態，以及整潔得體的儀表，能幫助我們建立起內心的自信。

3 快樂學習的方法

　　小朋友你說學習很痛苦、很難受，一點也不好玩，可是我們卻說學習很快樂、很有意思。難道我們與小朋友之間真的有代溝嗎？當然不是，因為我們知道小朋友為什麼會難受，為什麼會痛苦。而在這一節裡，我們要告訴小朋友的就是：如何讓學習變得好玩，如何讓學習成為你實現夢想的途徑！

 高手學習法

1.弄假成真引發學習興趣

　　著名的物理學大師愛因斯坦曾說過：「興趣和愛好是最好的老師。」很多對學習沒有興趣的小朋友，一拿起書就會產生不愉快的情緒，甚至厭煩、恐懼，進而影響了聰明智慧的發揮，導致學習效率低下，甚至沒有產生任何的效果。其實，身為學生，學習是我們的職責，在我們不可能改變課程安排的情況下，為什麼不改變自己呢？改變自己對待學習的態度，反正現在這個時候小朋友除了學習沒別的事可做。痛苦也是學，快

樂也是學，我們爲何不選擇快樂地學呢？

　　戴爾・卡內基有句名言：「假如你假裝對工作感興趣，那麼這種態度會使興趣變成眞的，並且消除疲勞。」這種經驗也可以很好地應用在學習的興趣培養上。如果你對某一課程或對學習不感興趣，你可以讓自己假裝對它感興趣，並堅持訓練下去，必定會有很好的效果。

　　在開始學習自己不喜歡的課程前，一定要讓自己面帶微笑，並且從心裡愉悅起來，保持一種快樂感，然後對著課本大聲說：「數學，我非常喜歡你！」、「可愛的國語，我對你充滿了興趣。」或者「英語，你眞有趣，我一定能學好你！」每天堅持這樣做，一段時間後，你對於不喜歡的科目的排斥感就會漸漸的消除。久而久之，「假興趣」就會變成了「眞興趣」，進而轉化成深入學習的動力，這個時候你就會驚喜地發現，原來一些考試的題目自己都會解答。自己不想考高分又怎麼可能？

2.透過增強自信來增強興趣

　　19世紀偉大的思想家愛默生曾經說過：「相信自己『能』，便攻無不克。」而曾經在第二次世界大戰上叱吒風雲的拿破崙甚至這麼說：「在我的字典裡，沒有『不可能』三

個字。」正是因為沒有「不可能」這三個字使得拿破崙南征北討，橫掃歐洲大陸。可見，自信對於人的成功有著不可替代的作用。事實上，有不少同學正是由於缺乏學好某一課程的信心，並產生了畏懼心理，進而喪失了興趣。因此，要增強對於學習的興趣，可以從增強自信心著手。以下我們向你介紹幾個具體的方法：

1.碰到難題做不下去的時候，可以努力回想自己曾獲得的成功。例如：在作文比賽中獲得第一名，在長跑比賽中獲得冠軍等。一邊回想，一邊努力回味那種成就感，就很容易產生這樣的信心：我在那樣的比賽中都能得第一，還會被這題目給難倒嗎？在這種信心的驅使下，難題就很容易迎刃而解了。

2.可以為自己設立很多個小目標。每學會一點知識就告訴自己：「我今天又背會了一段英文會話。」或者「我今天學會了方程式的解法。」等等，讓自己明白，每天多做一點，就離自己的目標又近了一步，在這種成就感和自信心的驅使下，你的學習興趣自然會大大增強。

3.可以在上某一科自己不喜歡的課程之前，對那個課程特別進行一番預習。預習時盡量多查閱一些資料，把課程的內容掌握得比老師所講的內容還要詳盡。那麼，你在聽課的時候自然就不覺得困難了，甚至還會由於自己比別的同學學得「快」而產生一種自信心和優越感，在無形中也就增強了你的學習興

趣。

　　總之，在自信心的牽引下，你的學習潛力將會被激發出來，學習興趣也就會隨之增強，你在學習上的進步自然也就非常的迅速了。

3.先學習自己喜歡的科目

　　我們可以先來參考一下外國學生的學習情況。英國有一所學校採取了一種開放式的教學方式。每天早晨，學生走進教室後，可以最先學習自己最想學的科目，而這些學生們最想學的科目往往都是他們最喜歡和最擅長的科目，因此學起來也是又快又好。等他們三兩下就把功課做好之後，心情自然非常舒暢，大腦的興奮度也就提高了，這時候再轉入學習其他不感興趣和不擅長的科目，也就更容易接受和掌握了。

　　同學們在家裡學習時也可以採用這種方法，先做自己最喜歡的科目的作業，這樣有助於迅速進入學習狀態。當這些作業做好之後，趁著好的精神狀態和智力狀態，可以一鼓作氣解決那些自己覺得困難的科目中的棘手問題，這樣不僅能夠培養學習興趣，而且能夠大大提高學習效率。

4.討厭的科目不妨由簡單處學起

每個同學都不可避免地不喜歡、甚至討厭某些科目，做這些科目的作業時，自然也是不情願、不愉快的。但作業終歸還是要做，只是逼著自己去做不喜歡做的事，不僅效率不高，而且還會覺得非常的痛苦，久而久之，對那些不喜歡的科目更是深惡痛絕，致使當你看到這科的課本時，就不自覺地感到頭痛、困乏。

　　怎麼辦呢？其實，碰到自己不感興趣的科目，你可以從簡單的題目和容易理解的知識學起。因為，那些你不感興趣的科目並不難學，裡面的一些問題也並非都是難題，只是如果你不想學的話，容易的也會變成非常的困難。好比玩電子遊戲一樣，對你來說，當然非常的容易，但對你的老師來說，他們就會覺得非常的困難，原因很簡單，因為你對電子遊戲感到非常有興趣，但老師們對這些並不感興趣，所以他們玩起來當然會感到非常的困難，但如果你教他們從最簡單的遊戲玩起，他們肯定學得會，而且很快就會對此產生興趣。

　　可見，如果你先把那些簡單的知識攻克了，就會充滿信心地對自己說：「原來這也不是那麼難的啊！」從此便不再對這個課程反感了。然後步步為營，在簡單知識的基礎上進一步向困難的部分進軍。這樣，你的態度就會漸漸轉變過來，對於從前討厭的科目也會漸漸喜歡起來了。

5.拆開練習本可以培養你的學習興趣

在家裡做作業時，面對厚厚的一本練習本，你會不會望而生畏？「那麼多的題目呀，要多久才能做完呢？」由於覺得完成之日好像遙遙無期，你很容易就會失去興趣。但是，如果你把厚厚的練習本拆開，按照課本的編排，將拆開的練習本按照每一課或者每一單元訂成很多本比較薄的本子。以後，就可以跟著老師的講課進度，每學完一課就做這一課的練習，每學完一個單元就做這一個單元的練習。這樣，你就可以隨著老師的教學進度，隨時鞏固剛剛學到的知識，而更為重要的是，一本較薄的本子很快就能做完，所以你就不容易產生被練習題壓迫的感覺，學習的興趣就會更加濃厚了。

另外，由於書本在你的眼中一向是神聖、神秘的，如今可以親手拆開、重新裝訂，也會平添一份親切感：「這本練習本是我自己裝訂的。」對這樣的練習題，你怎麼會不喜歡做呢？

6.從課外找學習興趣

小學階段是同學們充分學習各種知識、培養廣泛興趣與愛好的時期，課內、課外的界限不必劃分得太明顯，因為課內、課外的知識是相輔相成的，課外知識的趣味性還會幫助

大家更好地學習課內知識。

例如：透過閱讀一些趣味的數學課外書，你會發現，原來那些枯燥的數字竟然還有這麼多的趣味；讀一點淺顯易懂的英語童話，不僅可以幫助你記憶在課堂上學到的單字、句子，還可以學到很多老師沒教過的用法，如果把你讀到的東西說給同學們聽，他們一定會對你刮目相看呢！你就會越來越喜歡英語了！還有，電視裡的兒童節目、動畫片，以及網路上的兒童網站也會涉及一些適合小學生學習、瞭解的知識，並且是圖文並茂，還搭配悅耳的講解，這些比起課本來更能吸引你。輕輕鬆鬆地就學到了很多知識，也能使你對相關的課程產生興趣。

另外，同學們還可以將自己在課堂上學到的知識應用於日常生活中，這樣也可以提高學習的興趣。例如：在數學課上學會了做計算題，你就可以在陪爸爸媽媽買東西時順便露一手；學了英文，碰見外國朋友就壯著膽子上前去交談幾句等等。當你發現自己所學的東西真的很有用時，你就會對學習充滿興趣。

7.知識只有運用才能產生力量

培根曾經說過一句非常有影響力的話：「知識就是力量！」確實如此，但是如果你光知道汲取知識而不會運用知識的話，知識永遠也不會產生力量。

　　由於你的年齡比較小，經歷的事情也不是很多，所以你還沒有真正體會到知識的用處，加上年幼貪玩，因此對學習缺乏興趣，當然就更不用說運用知識了。但是你要知道，我們今天所處的時代是一個飛速發展的時代，這個時代需要我們不斷地去創造。

　　所以在我們的學習過程中，你千萬不要忘記一定要將所學到的知識靈活地應用到生活中，讓知識真正產生力量，讓知識為你的生活服務，你就不會覺得學習是如何如何的枯燥了。那是因為，當你透過自己的努力將知識變成力量後，你對學習就會產生出一種從來沒有過的興趣，因為你知道知識真的很有用。知識，不但可以滿足你的好奇心，還可以成就你「發明家」的夢想，你還那麼小就能夠如此靈活地應用知識，等到真正長大的時候那還得了？

　　另外，你需要明白的是，學校為我們開設的每一個課程都是十分重要的。要知道，無論是數學、國語、英語，還是自然、地理、歷史、音樂，每一科都是基礎，都對大家的成長有著重要的作用。因為每一科的知識所產生的力量都是相等的，所以都要學好。

　　只有真正了解學習的重要性，你對學習的興趣才會長久、堅定。

4 學會管理時間

現在跟你談時間管理或許還為時尚早，因為在學校時，有老師替你管理時間，放學回家後有父母幫你安排時間。但那些老師、父母沒有幫你管理和安排好的時間，你自己知道應該怎麼進行管理嗎？在這一節裡我們將向你介紹如何合理地安排你自己的時間，使你既能按時完成老師所規定的作業，又能玩得更加的痛快！

高手學習法

1.為自己創造時間

常常聽見有的同學抱怨時間不夠用。其實，在每天的生活中，你絕對可以為自己創造出更多做功課的時間。只要你願意，不但可以做到，而且可以養成一種良好的學習習慣。

我們先來看一個故事吧。以前，日本剛鋪設鐵路的時候，訂定火車時刻表的人，是由英國一位叫貝茲的技師一手包辦

的。當時的日本人，怎麼也想不透如何使各列車相互錯開、避開的道理。貝茲先生躲在專用辦公室裡，一個人專注於他的工作，不對任何人說出其中的秘訣，所以，大家還以為他玩的是什麼高超的「魔術」呢！後來，一個偶然的機會，鐵路局的人突然領悟到了其中的秘訣。原來，那個魔術就是一種叫做「時刻序列」的玩意兒，即以距離為縱軸，時間為橫軸，將火車的動態以線條來表示。時至今日，這種時刻序列表已經進步到以秒為單位，而且毫無差錯。

我們在學習中，實在也有必要制訂出我們自己的「學習列車」的時刻表，讓我們的學習效率得到進一步的提高。

怎麼樣？你是不是已經對此產生興趣了呢？或許你已經躍躍欲試了，那我們就一起開始吧！

首先，你必須把一天中使用時間的情況加以詳細記錄，然後檢討那些學習花費多少時間，那些時間分配是否合理？這就需要做一個「學習分析表」。具體方法是把一天分割成三十或十五分鐘的單位，在這張時間表上，填進表示學習內容的線條。例如，把主要生活分為四大類：睡眠、生活、讀書、娛樂。其中做得不怎麼好的地方，就以點線表示，例如：睡眠時間內，有一段時間是在床上翻來覆去睡不著，那一段時間就用點線來表示；學習的時間內，有一段時間是花費在準備轉變方面，那段時間就以點線來表示（以此類

推）。

　　填好「學習分析表」後，在學習中尋找「浪費掉的時間」。你將會發現「浪費掉的時間」，不外乎就下列幾種：

1. 學習之前，態度不堅定或行動緩慢所浪費的時間。

2. 學習中途，注意力不集中所浪費的時間。

3. 好像在玩，又好像在做功課，兩者的界限混淆不清所浪費的時間。

　　生活上還有一些削減不了的時間。例如：吃飯、飯後休息、幫忙做家事、看報紙、睡眠（八小時）等等，都是我們在生活中必須佔掉的時間，如果硬要把這些時間挪到讀書上，肯定好不了。這種硬逼出來的計畫，早晚是會出現問題的，效果也不大，還是不要用比較好。適當的休閒時間一定不能缺少，因為它是調劑身心的必要。

　　把時間合理分配之後，你將會發現，一天的學習時間（不包括在學校的時間），至少可以有三小時的空閒時間。

2.分門別類利用時間

　　時間是寶貴的，我們應該懂得珍惜時間，尤其應該懂得分門別類地利用時間，在適當的時候做適當的事才能最大限度地

利用時間。

1. 掌握學習的最佳時間

要學會利用時間，首先要學會利用適合的時間做適合的事情。比如，我們的學習應該在一天中大腦活動功能最強的時間進行。根據科學研究顯示：一天中大腦活動功能最強的時間是起床後3～4小時，也就是上午10點到11點左右。這是一天中學習的黃金時段，用來記憶、理解，效果都非常好。此外，下午2～3點是一天中學習的另一個黃金時段，而且特別適用於理解難度較大的知識。晚上8～9點是一天中學習的第三個黃金時段，這時大腦處於活躍狀態，用來複習功課是再好不過了。

2. 瑣碎時間用來做瑣碎的事情

曾有一個極妙的比喻：使用時間就像打包貨物一樣，任何一個小空隙都不要放過。

生活中有許多瑣碎的事情要做，比如削鉛筆、整理房間、收拾書包等，這些瑣事佔用的時間雖然不多，但累積在一塊兒也是相當可觀的。如果把這些事情都累積在一起做，必定會佔用大部分的時間，影響學習。解決的辦法是：利用瑣碎時間，分別完成。比如，利用學習空檔的休息時間削削鉛筆、整理一下書桌等，不僅不會佔用正常的學習時間，而

且，由於做這些事時使大腦得到良好的休息，使之在接下來的連續學習中取得更好的效果。

3. 適度的「浪費」是為了更好地利用

有的同學從早到晚讀書，除了吃飯、睡覺的時間，幾乎不離書桌半步。看似十分珍惜時間，實際上，這些同學的學習效率還不如那些經常到室外蹦蹦跳跳的同學。因為再聰明的大腦也會有疲倦的時候，只有充分地調整和休息之後，才能保持旺盛的精力，全力以赴，高效學習。因此，適當地「浪費」一些時間，到室外活動活動，學習效率才能得到更大的提高，也因此更有效地利用時間。

3.分清事情的輕重緩急

每天將當天要做的事按照由重要到不重要的順序寫在一張紙上，然後從最重要的事情做起。這樣就把一天中有限的時間首先分配給最重要的幾件事。對於那些次要的事情，如有時間一併完成當然是好事，但如果實在沒有時間去做，也沒有多大關係。

對同學們來說，每天除了要到學校上課，課前進行預習，課後做好複習，認真完成作業之外，還應該讀一些自己感興趣的課外書，看一些適合小學生的電視節目，有時還要積極地參

加學校舉辦的課外活動。因此，如何分清事情的輕重緩急，管理好自己有限的時間就顯得十分重要。具體方法如下：

1.每天用十幾分鐘的時間清楚明白地列出自己當天應完成的學習任務、課外活動等。

2.準確地把列出的學習任務和課餘活動進行清楚的分類，可分為「A（最重要的）」、「B（普通重要的）」、「C（不重要的）」三類。對同學們說，當然應該把有關學習功課的事情列入「最重要的」一類。也就是說，你應該在當天的學習任務完成之後再去做別的事。

3.將各項任務按照分類填入以下所示的「時間分類管理表」中。

年　月　日	星期類別	事項	預計花費時間	實際花費時間
A（最重要的）				
B（普通重要的）				
C（不重要的）				

4.按照時間分類管理表中的分類順序實施各項任務。首先是全力以赴地投入A類的學習任務，直到全部完成後，再轉向B類的事項。B類事項完成後，如果有時間，就繼續完成C類的事項，如果沒有時間，就留待以後再補上。

5.剛開始時，最好每星期對上個星期的時間分類管理表進行總結，看看自己的任務分配是否與自己的實際情況相符，如果有不合適的地方，就應該在下一個星期的時間分類管理表中進行調整。

盡量高效率地將表中所列事項都做完，這當然是最好的了，但即使不能一一完成，至少你已經把重要的功課做完了。這樣，就有效地防止了把時間浪費在一些毫無意義的事情上。因此，我們所追求的不是所做事情的數量，而是是否把時間利用到最佳程度。

4.讓你的時間增值

時間是非常公道的，對任何人都一視同仁，每人每天24小時，不會多，也不會少。可是，有的人惜時如金，有的人卻白白地將時間浪費掉。同樣的時間花在不同的人身上，也會產生完全不一樣的效果，有的同學整天埋頭苦讀，卻始終沒能把功課讀好；有的同學不僅功課好，而且學得也輕鬆，玩得更痛快。這個問題的關鍵在於時間管理。有的人會充分利用時間，所以時間在他手裡就實現了增值，同樣的時間，他能做更多的事情。而有的人卻讓時間悄悄地流走而不自知，或只能乾著急。在此，我們和你一起分享三種讓時間增值的辦法：

1.「一心二用」法

人們常說：「一心不可二用。」其實也不盡然，現代科學已經告訴我們，人的不同行為是由大腦不同區域支配的，因此，一心二用不但成為可能，而且也為我們的生活提供了很多的方便。也就是說，我們有時可以在同一時間裡做兩件事情。

必須得注意的是，這兩件事情往往是一為體力勞動，一為腦力勞動，而且都不太緊張。例如，早晨運動時可以聽聽收音機，下課和同學聊天時可以削削鉛筆，放學回家的路上可以回想一下當天所學的功課等等。此外，可以利用幫爸爸媽媽做家事的時間、和同學遊戲的時間、外出遊玩的時間、排隊等車的時間、飯後散步的時間等等，充分的利用在學習上。這些時間看起來零零星星，但累積起來就成了生命中極為可觀的一部分。在這些零星時間裡盡可能地「一心二用」，既節約了整個學習時間，又能防止由於長時間集中精力而導致的大腦疲勞。

「一心二用」的方法需要你有意識地訓練並能夠堅持下去才能運用自如。但是，這種方法也不能濫用，當我們從事一項比較重要、需要集中精力的活動時，就不能一心二用。比如當我們在上課、做作業的時候是必須認真聽講、專心致志的，否則效果就不好了。

2.統籌安排法

如果有幾件事情讓你在一個小時之內做完：用二十分鐘燒開水，十分鐘洗衣服，十分鐘拖地，半小時看書。你能做到嗎？有些數學成績不錯的同學也許會說，這怎麼可能呢？燒開水、洗衣服、拖地，總共要花四十分鐘，一個小時用掉四十分鐘，還剩二十分鐘，怎麼能再看半個小時書呢？其實，這就涉及一個重要的時間利用方法，也就是統籌安排法。燒開水的二十分鐘裡，你不會坐在那兒等吧！那麼，這時候你就可以洗衣服、拖地，等你將衣服洗好了、地拖好了，水也就燒開了。瞧，這二十分鐘裡你是不是一共做了三件事，現在，還剩下四十分鐘，用來看書應該綽綽有餘了。

3.提高效率法

效率是什麼？效率就是速度，是在保證品質的前提下的速度。同學們都知道，在相同的時間裡，跑得快的人一定比跑得慢的人跑得更遠，閱讀速度快的人一定比閱讀速度慢的人能看更多的書。在時間的利用上也是這樣，在相同的時間裡，效率高的人所做的事一定比效率低的人所做的事要多。這樣，對做事效率高的人來說，時間就在無形中增值了。所以，同學們一定要著眼於效率的提高，而不是時間的長短。

5.制訂一個合理的時間表

學習最忌信馬由韁，放任自流。我們應該制訂自己的作息制度，養成良好的作息習慣。曾經有專家對智力和身體條件相同而成績相差很大的兩組學生進行比較研究，結果發現資優組學習時間和睡覺時間都有一定的規律。疲勞測定顯示，他們當天的疲勞可以從當天的睡眠中消除。而成績較差的學生那組情況正好相反，他們的生活沒有一定的規律，學習時容易產生疲勞，一直到考試時仍處於相當疲勞的狀態。可見，制訂一個合理的時間表有助於我們提高學習效率，培養學習主動性。此外，還有利於我們從小養成守時的習慣，更容易適應將來的工作和生活。

制訂一個合理的時間表必須遵循以下原則：

1.切合自己的實際情況

制訂時間表的目的是提高學習效率，不是罰自己做苦役。因此，不要對自己要求過高，比如，硬把所有的時間都用來讀書，一點玩樂的時間也不留，你會發現自己很難堅持到底，即使坐在書桌前也是心不在焉，純粹是為了湊足時間，學習效率就會極其低下。沒過多久，你就會討厭自己的時間表，結果沒嚐到甜頭就打退堂鼓了。

2.根據「生理時鐘」訂時間表

每個人的身體內部都有一個「生理時鐘」，它調節著我們的一切活動，因此在我們的生活中發揮重要的和微妙的作用。按照「生理時鐘」的特點安排我們的學習和生活，可以獲得更高的效率。根據「生理時鐘」的規律，通常在早上9點到10點，我們的注意力和記憶力達到高峰，適合學習。下午1點到2點，幾乎所有人都會感到困倦，應適當的午休。下午3點，性格外向的同學在這時分析力和創造力會達到高峰，性格內向的同學的分析創造能力則在下降。晚上10點以後，體溫下降，心率降低，身體各功能處於低潮，這時進入睡眠比較容易，不宜熬夜讀書。

此外，還有研究證明，白天讀書一個小時，等於晚上讀書一個半小時。而夜間熬夜讀書的最後兩小時，遠不如第二天白天讀書二十分鐘效果好。因此，一定要充分利用白天時間。

3.把所有的時間都包括在時間表之內

徹底消除那些無所事事的時間，讓你的每一分鐘都變成富有成效的時間。要嘛從事體能鍛鍊，要嘛從事集體活動，要嘛用來讀書。總之，任何時候都不能感到無所事事，無所適從。尤其不要捨棄時間的「邊角餘料」，零零星星的時間其實具有極大的利用價值。因為長時間讀書容易導致疲勞的累積，學習

效率會受到一定的影響。而零星時間的學習能保持大腦的興奮狀態，效果極佳。而且，利用零星時間背誦一些必須熟記的生字、公式、規則等，有利於反覆記憶，加深印象。

4.每一學習時段以不超過一小時為宜

每一學習時段若是超過一小時，學習效率就會逐漸降低。因此，要把每一時段的長度控制在這個範圍內。而且，每兩個時段之間應該安排十分鐘的休息時間。至於每時段的學習內容可依據當天需複習的課程和預習第二天的課程所需來安排。但要注意，不同性質的學科應交叉安排。比如，可按國語──數學──英語的方式安排時段。

5.為自己留下充分的餘地

常常有些同學低估了做作業所需的時間，於是先玩後學，先鬆後緊，直到臨睡前才發現作業無法完成了，這時候才開始著急，更讓你急上加急的是，你越著急難題就越解不出來，作文也一樣，越著急你的思路就會越亂，思路一亂你就什麼也寫不出來。

正確的方法應該是，時間的安排應先緊後鬆，應適當把完成作業的時間限制得緊一點，努力爭取在規定的時間內完成作業。比如，你有兩個小時的時間，就應該要求自己在一個小時之內完成，如果順利完成任務，那麼，剩下的時間就

獎勵自己玩一會兒。如果當天的作業難度較大，或者中途有事耽誤了，一個小時做不完，那也沒關係，還有一個小時的空餘時間可用。

如果沒有這種時間限制，你會發現，你有多少時間，你的作業就要做多久。一定要留下空餘時間以解決臨時出現的意外問題。

6.學會制訂學習計畫

制訂學習計畫主要是為了提高學習效率，督促自己進步。因此，計畫怎樣寫，寫哪些內容，都沒有什麼固定的格式。但是，有一些要點必須掌握。只要掌握了這些要點，就不失為一份可行的學習計畫，至於用什麼方式表達，並不是很重要。

一份好的學習計畫往往具備以下四個特點：

1.針對性強

在制訂學習計畫之前，應充分瞭解自己的實際情況，認真比較自己各科科目的學習狀況。例如，如果你的數學成績不錯，而國語成績相對差一些，那麼，你就應該在學習計畫中給國語多分配一些時間，把自己的弱項補強，使自己各科的學業成績盡量保持在一個比較平衡的位置。

2.時間安排應盡量具體

什麼時候做什麼事，每件事要花多少時間，都應該做具體的安排。剛開始學習制訂計畫，缺乏經驗，同學們應經常將自己的實際執行情況與計畫進行比較，以便即時調整，將時間安排得更合理。

3.目標明確、適中

提出明確的目標有利於看清方向。不要簡單地列出「要提高學業成績」、「要爭取進步」等籠統的語句，而應該把任務量化、具體化。例如，有一位同學在為自己制訂的學習計畫中提出兩個目標：A.英語學習分成兩部分，一是學習《小學英語》（第一冊），聽慢速英語CD，提高朗讀和聽的能力；二是每天至少熟記3個英語單字，全年達到1000個詞彙量，開始能閱讀較淺顯的英語讀物。B.閱讀課外科學小知識的主要目的是拓寬視野，擴大知識面，因此，主要任務是閱讀各種類型的自然科學知識，做好閱讀筆記。這樣的目標就很明確，便於執行。

尤其需要注意的一點是，為自己提出的目標要適中。也就是說，要切合自己的實際情況，切勿好高騖遠，以免達不到而導致氣餒、喪失信心。

4.週期宜短不宜長

計畫週期最好不要太長，否則你會覺得難以掌握。身為剛剛開始學習制訂計畫的小學生，可以以一星期為單位，為自己安排好每天的學習內容和相對的休閒時間。每一星期的計畫實施完成後，經過檢討自己的完成情況，再擬定下一星期的計畫，千萬不要做「百年大計」的打算，否則即使計畫訂得再漂亮，恐怕也很難有實現的機會。

　　若是要制訂緊急備戰考試的計畫，則可以將計畫分_兩個不同的階段，先為第一階段制訂計畫，完成之後再根據實際情況制訂下一階段的學習計畫。

　　掌握好了以上要點，制訂一份適合自己的計畫，努力照著計畫去做，一段時間下來，你必定會有很大的進步。

7.怎樣執行學習計畫

　　很多同學都有這樣的體會：制訂計畫容易，執行計畫困難。常常是雄心勃勃地訂出一個很好的計畫，但過不了兩天就執行不下去了，於是，辛辛苦苦制訂的計畫又被束之高閣。要避免這種情況，應當在計畫的執行中遵循以下兩個原則：

1. 今日事今日畢

　　很多同學都碰到過這樣的情況：計畫當日完成的事情往往無法完成，於是拖至第二日，第二日任務加重，更無法順利完

成，於是又繼續往後拖。今天推明天，明天推後天，長此下去，每天該做的事情都無法完成。拖到後來，連補做的想法都沒有了。計畫的目標達不到，時間還是白白浪費了。所以堅持「當天事情當天做完」是完成計畫的第一個步驟。

事實上，「今日事」無法「今日畢」的原因主要有兩個，一是計畫規定的任務過重，超出了自己的實際能力。二是缺乏毅力，自我約束的能力不夠強，隨便更改計畫，在規定的時間內偷懶，導致要完成的事情被耽擱。

如果是第一個原因，那麼，應該根據自己的實際情況重新修改一下計畫，量力而行，切勿貪多。因為學習是一個循序漸進的過程，不是靠短短的幾天時間就能一步登天。

如果是第二個原因，那就要從自己身上著手。如果自我約束的能力不夠強，那就要請爸爸媽媽監督，但最終的目的還是要達到自己監督自己，因為爸爸媽媽不可能監督你一輩子，等有一天你離開了他們的監護，你就只能靠自己學習了。所以，最重要的還是培養自己的恆心和毅力。

2. 保持一定的靈活性

當你開始按照自己訂下的計畫著手學習時，有時也會由於某些特殊情況影響了計畫的實施。比如，你給自己規定，每天晚餐後七點開始預習第二天的功課，但是，某一天，媽

媽下班回家晚了點，七點鐘才開始做飯，這時候你該怎麼辦呢？要等媽媽做好飯，吃完之後再開始學習嗎？其實，這時你可以變通一下，提前預習功課，把吃晚餐的時間往後延，這樣，你所計畫的學習任務就順利的完成了，只不過是把先後順序變換了一下而已。

又比如，你給自己訂下的學習任務是每天背30個英語單字，但是，有一天，老師規定的作業難度較大，花費的時間太多，做完作業已經很晚了，此時已沒有時間再背英語單字了。怎麼辦呢？如果對你來說，背英語單字的任務很重要，那麼，把這30個英語單字的背誦任務挪到第二天，並從第二天的計畫中刪去最不重要的一項活動。這樣，無論從學習時間上，還是從學習成果上看，都是很划算的。

5 讓腦力倍增的方法

　　或許玩遊戲的時候，你的同學沒人能跟你比；或許你有上山能抓鳥，下水能捕魚的本事。但每次考試時，你的成績卻總是徘徊在60分的大門之外，爲什麼？是你不夠聰明嗎？肯定不是，因爲在同樣需要動腦的領域裡，你擁有過人的天賦，這說明你並不比別人笨。如果你能夠善於運用自己的大腦，別說能夠順利突破60分大關，90分甚至100分對你來說也將不再陌生。

高手學習法

1. 為大腦創造良好的環境

　　我們大腦的工作效率與環境因素有著密切的關係。當同學們在讀書時，對環境條件的要求就更高了。科學家的研究顯示，良好的學習環境使我們的用腦效率提高15％～30％。那麼，我們具體應該怎麼做呢？下面這些條件應該是值得我

們注意的：

1. 要有新鮮的空氣

為保持頭腦清醒和精力旺盛，大家應該盡量在空氣流通的環境中學習，這樣才能保證我們的大腦獲得充足的氧氣。家裡的書房要經常開窗保持空氣流通。平時在學校，因為教室裡的人較多，空氣容易變得污濁，大家就更應該注意保持通風，下課應走出教室，盡量呼吸新鮮空氣，這樣才有助於我們消除疲勞，保證大腦的健康，提高學習效率。

2. 要有適宜的溫度

溫度過高或過低都會影響人的用腦效率。高溫會使人頭昏腦脹，引起記憶和思維能力下降。低溫雖然可以抵禦昏沉，使人頭腦清醒，但對於大腦的工作來說，並不理想。有研究顯示，人體覺得舒適的溫度為19～21℃。

3. 要有強弱適中的光線

學習時，過強的光線會使人感到頭暈、煩躁，影響大腦的思維和判斷能力；如果光線過於昏暗，又容易導致大腦皮層因為得不到足夠的光線刺激而產生抑制，影響用腦效率。所以，大家讀書時應該選擇光線明亮的地方，但需要注意的是，白天一定不要在陽光直射下看書，那樣不僅會傷害眼睛，也不利於

大腦的思考。

4. 合適的色彩對於大腦的高效工作也是很有好處的

心理學家的實驗研究顯示，淡灰綠色和淡灰紫色能消除神經緊張和大腦的疲勞，使人頭腦清醒，精力充沛，用腦效率高。而深紅色、深黃色會對人產生強烈刺激，使大腦高度興奮，隨後則趨向抑制，致使用腦效率不高。因此，室內的牆壁、家具、天花板、窗簾都應以淡藍色、淡綠色為宜。

5. 環境中的音響也能影響大腦的工作

同學們應盡量在安靜的環境中學習，如果學習環境中的聲音強度過大，會使精力分散、降低思考能力。如果長期處於噪音環境中，還會對人體健康產生危害，甚至導致記憶力減退、神經衰弱等。

2.「邊聽音樂邊讀書」不一定適宜

有的同學喜歡邊聽音樂邊讀書，他們說，音樂具有消除疲勞、減輕厭倦感的功效。這當然沒錯，但並非每一個人都適合，而且還要看你聽的是什麼樣的音樂。至於好壞如何，下面就讓我們來具體的分析一下吧！

首先，這是因人而異的。並不是所有的人都能一邊聽著

音樂一邊專心讀書。哪些人不適合「邊聽音樂邊讀書」呢？那些不習慣這樣做的人肯定不適合，如果偏要學著「一心數用」，那肯定會影響讀書。還有，那些本來就不太專心讀書、坐不住的人也不適合，耳邊的音樂會更加容易讓他們的精力分散。

其次，音樂的種類也會影響「邊聽音樂邊讀書」的效果。如果你喜歡在學習時播放一些背景音樂，那麼，最好選擇輕快而優美的音樂。搖滾樂過於嘈雜，而流行音樂又容易讓人聯想到歌詞、不由自主地跟著哼唱，這些都容易攪亂心思、妨礙思路、影響思考。

最後，「邊聽音樂邊讀書」的學習方式還要根據科目來確定。有的科目，比如數學等，需要積極啓動腦筋、用心思考，不能分心，還是不聽音樂爲妙。

3. 吃好早餐可提高學習效率

「唉呀，肚子又開始叫了！」上午第一節下課後我們就會聽到有的同學這樣說，第二、三節下課後肚子提抗議的同學就更多了。

根據我們的調查顯示：目前小學生中大概有半數的學生上午第二節下課後就有飢餓感，第三節下課後有飢餓感的人就更

多了。其原因在於同學們早上所吃的早餐的品質和數量不夠。俗話說：「人是鐵，飯是鋼。」對我們任何人來說，不管你是否在工作，我們的體力每天都在消耗，只有吃飯才能把我們身體所需的營養迅速地補充。而對我們小學生來說，正是成長和開發智力的時候，如果營養補充不均衡的話，對同學們的成長將會造成不利的影響。只有早餐吃好了，同學們在體力上才能有很好的發揮，在學習上才會有較好的表現。比如：學習時不容易感到疲倦；在演算數學時速度會比較快，而且錯誤會減少；課堂上回答老師的問題時也會發揮出豐富的想像力；在體育活動中耐力也會更持久一些。如果早餐吃得不夠好，雖然表面上看起來也很正常，但由於飢餓的刺激，精神就不容易集中，而且，如果長期不吃早餐或早餐吃得不好，則會影響同學們的身心健康和智力的正常發展。

既然早餐這麼重要，那麼同學們早餐應該吃些什麼才合適呢？通常來說，早餐應該是富含蛋白質的，因為充足的蛋白質能為大家提供足夠一個上午學習和其他活動所需要的能量。所以，早餐光吃一些粥、醬菜之類的食物是遠遠不夠的，還必須增加饅頭、麵包之類的主食，此外，像牛奶、豆漿、雞蛋、花生這類蛋白質含量較高的食物，也是應該常吃的。

4. 空腹或脹腹會使頭腦變得遲鈍

醫學研究證明，空腹或脹腹對頭腦有很大的影響。飢餓時，全身各個器官都會感覺疲憊，造成身心過度緊張，頭腦無法集中精力思考；而過飽的時候，由於全身血液大多集中於消化器官，身心過分鬆弛，同時，大腦的供血量不足，頭腦容易遲鈍滯緩，無法產生活躍的思維。因此，不論是在過飽或過餓的情況下學習，大腦的活動都會受到壓抑，以致影響學習效果。

那麼，什麼時候學習最好呢？科學家們認為，在由脹腹轉至空腹之間的那段時間裡，不太飽也不太餓，那正是精力最集中、思維最活躍的時候。也就是說，對於學習來說，「八分飽」是最理想的生理狀況。

因此我們可以知道，平時吃飯的時候千萬不要暴飲暴食，最好吃到八分飽即可。通常情況下，早餐一定要吃得好，因為上午是學習的最佳時段，所以你必須保持飽滿的精神狀態，否則如果早餐吃得不好，你的精神從哪裡來呢？午餐的時候可以吃得飽一些，因為中午吃完飯後還有1~2個小時的休息時間，在這段時間我們所食用的食物會得到很好的消化，到下午正式上課時我們的精神就正好達到巔峰狀態；而晚餐就不用太講究了，因為夜晚我們主要以休息和睡覺為主，但也不能不吃，因

為不吃的話夜裡還會餓得睡不著覺，第二天學習時還是提不起精神，因此就造成惡性的循環。

5. 充足的睡眠能有效消除大腦疲勞

大腦是人體的最高「司令部」，它負責調節人體的一切活動，所以，大腦又是最容易疲勞的人體器官。對於我們的大腦來說，睡眠是最重要的一種休息方式。同時，睡眠也是一種自然的生理現象，人的一生，約有三分之一的時間用於睡眠。

在我們的身體裡，大腦和人體的其他器官一樣，在緊張的學習之後，它也需要休息，這樣才能消除疲勞，恢復活力，保證學習的高效率。

如果睡眠不足，就會影響大腦的正常功能，使注意力、記憶力等降低。若想有效地使用一天二十四小時，就不要讓學習的時間「霸佔」你的休息和睡眠時間。「頭懸樑，錐刺股」的刻苦精神是古人的一種學習方法，卻不足以為訓，所以我們今天要突破這種方法，使我們的學習變得更加的輕鬆和快樂。如果想將一小時當作兩小時用，如果想取得更高的學習效果，必須有效地安排好你的學習和休息時間，要知道不懂得休息的學生是不懂得學習的，當學則學，當睡則睡。

這樣才能維持最佳的身心狀況，在同樣的時間內得到雙倍的效果。

　　當然，雖說睡眠是消除大腦疲勞的有效方法，但也不是睡得越多越好。如果睡得太多，超過了需要，就會和睡眠不足一樣，妨礙腦力活動。通常來說，小學生每天適宜的睡眠時間為十小時左右。

6. 適度的緊張可以促進腦力發揮

　　通常人們都認為，緊張會阻礙實力的正常發揮。但事實上，適度的緊張可以促進腦力的發揮。你也許有過這樣的體會：遇到緊急情況時，血壓會上升，呼吸也變得急促，肌肉開始緊繃，有時甚至還會渾身顫慄。這顯示，「緊張」會使我們的身體發生變化，而身體上的變化也給我們的心理發出了警示，這就是心理學上所說的「興奮」。在「興奮」的作用下，我們的身體就開始了全面的「總動員」，為應付緊急情況做好了充分的準備。因此，不必害怕「緊張」的出現，因為，適度的緊張能幫助我們為了努力奮鬥而完成心理和生理上的準備。只要能正確對待，「緊張」有時還是一件好事。在平常的生活中我們經常會遇到這樣的事，在緊迫的情況下，即使是一個手無縛雞之力的人，也能在瞬間爆發出令人難以置信的力量。這

就是緊張感的作用，也就是平常我們所說的「急中生智」。

當然，過分的緊張不僅不能幫助我們發揮實力，甚至還會阻礙我們實力的發揮，因此，如果在考試或重大的比賽之前緊張過度，一定要想辦法減輕和消除。例如，給自己打打「強心針」，告訴自己：「別人比我還緊張呢！我並不比別人差到哪裡去呀！」另外，還可以做一些簡單的動作，如伸個懶腰、反覆握拳、做深呼吸等，透過舒展緊張的肌肉，心理上也就自然而然地舒緩下來了。

7. 轉移注意力可以使頭腦保持活躍

根據心理學家的研究，7歲左右的小學生的注意力可以連續集中10～15分鐘，9～10歲的小學生的注意力則可以連續集中30～45分鐘。

如果我們學習的時間過長，就很容易產生倦怠感，注意力不容易集中，頭腦也會變得遲鈍。這時候，應該調節心情，轉移注意力，為大腦帶來新的刺激。這樣，才能讓大腦的工作恢復正常。

例如，我們可以閱讀一些童話故事來進行調劑。因為閱讀童話故事可以讓我們暫停眼前的思考，把我們的注意力引向那些美好的事物，賦予我們的心靈新的情感。同樣，讀幾

則笑話或回想幾件有趣的往事，也能產生這種效果。此外，在學習的空檔欣賞一些優美動聽、舒緩輕柔的音樂也能產生調節腦力和心理的作用。總之，經過一番調劑之後，我們的大腦就會重新興奮起來，這時再回到學習當中，思維和記憶就能更好地繼續下去。

8. 要善於把別人的智慧變成自己的智慧

個人的力量是有限的，只有善於汲取和借鏡別人的智慧才能讓我們如虎添翼。

對同學們來說，藉助老師的智慧是提升自己的好辦法。通常來說，老師是學生的榜樣，知識也比學生淵博。因此，善於把老師當作活參考書的學生都十分重視老師的講課內容。例如，凡是老師在課堂上加重語氣，再三強調的地方，一定要牢牢記住，回家以後再認真複習，因為，那一定是學習的重點，也是考試的重點。

來自同學的智慧也是應當充分利用的。例如，經常和成績優秀的同學聊天，順便問問他們最近在看什麼書，他們是怎樣在考試中獲取高分的？和資優生分享成功的經驗，能使你少走許多冤枉路，找到通往成功的捷徑。正因為如此，大多數人都想與成績好的同學一起學習，為的是請教方便。但事實上，只

要方法得當，和成績較差的同學一起學習，也能提高自身的成績。因為，與成績不如自己的同學一起做功課，被請教的機會就多一些，你為他講解的過程，實際上也是一個考驗自己對知識掌握程度和進一步鞏固知識的過程，那些你自己也回答不出的問題就是你在學習中的薄弱環節，你自然而然就會進一步去理解和掌握。時間久了，你自然而然就會有很大的進步。

另外，同學們在閱讀報刊和書籍時，也會讀到一些推薦學習方法、介紹成功經驗和失敗教訓的文章，從中可以獲取許多寶貴的資訊。

所以，同學們如果在自身努力的基礎上，注重借鏡別人的智慧和力量，就能更好地充實自己，獲得理想的學習效果。

6 輕鬆提高記憶力的方法

記憶力是你考取高分的秘訣，也是你輕鬆學習的必備武器。但遺忘會經常向你挑戰，你雖然不服氣，但該忘的東西還是忘掉了，不該忘的東西也記不住，於是你只有埋怨自己的頭腦太笨或記憶力太差。其實，你的頭腦並不笨，而記憶力也並不差，只要你的方法得當，沒有你記不住的東西。

高手學習法

1. 編故事可以同時記住許多事情

有趣的故事誰都愛聽。對絕大多數的同學們來說，聽過的故事，其中的情節，甚至某個人物說過的某句話都會讓你銘記於心，難以忘記。同樣的道理，如果我們想同時記住許多事情，可採用將它們全部編入故事中的辦法，如同珍珠串線那樣。這樣，只要我們記住了故事，同時也就記住了那些零星的事情。例如，要記住「火車」、「河流」、「風箏」、「大炮」、

「鴨梨」、「黃狗」、「閃電」、「街道」、「松樹」、「高粱」這十個詞語，可以編出一個故事：一列火車在河流上奔馳，河流上漂來一只風箏，風箏上拖著一門大炮，大炮的炮口裡打出一個鴨梨，鴨梨正好打進黃狗嘴裡，黃狗像閃電般迅速跑過街道，來到一棵松樹下，松樹下有一排高粱。

史丹福大學一位教授曾做過一個實驗：將學生分為兩組，要求其中的一組以相關名詞十個為一群，共十二群，編出十二個故事，加以記憶；對另一組學生，則將所有名詞打散，要求自行記憶。實驗結果顯示：編故事的那一組記憶量是另一組的七倍。由此可見，透過編故事來提高記憶效果是非常明顯的，同時還能將枯燥的記憶變得充滿樂趣，讓你在遊戲中達到學習的目的。

2. 著重記憶重點詞彙

在背誦的過程中，同學們常常會碰到這樣的情況：一段背得很熟的文章，卻在某一些詞彙上遺忘了。而且，往往在這些詞彙中有的是連接詞、有的是新詞，都是句中的重點詞彙。這時，如果有人提示你一下，你就能很快地接下去。這說明，記住句子中的重點詞彙能增強背誦的效果。因為，句子中的重點詞彙就像路標一樣，能清楚地為我們的思路指出

方向。

具體而言，在背誦之前，應該透過仔細閱讀，找出資料間彼此的邏輯關聯，在此基礎上確定幾個重點句和重點詞彙，以此做為線索加以回憶。然後，再找出重點句和重點詞彙與其他內容的關聯。在背誦時，便可以藉助重點句和重點辭彙，把各部分的片段資料融為一體。這樣，背誦自然就很流暢了。

3. 重要的知識點應放在最初或最後記憶

「剛剛背過的東西，怎麼又忘了？」常常聽見有不少同學這樣抱怨，其實，遺忘並不可怕，只要你瞭解了我們大腦的工作原理，並掌握正確的記憶方法，就能準確而輕鬆地記住各種知識了。

一支隊伍中最引人注目的是排頭或排尾的人。一齣戲裡最引人入勝的也是開頭和結尾。同樣地，我們的大腦也是對於最初和最後記憶的資料印象最為深刻。

這是什麼原因呢？心理學家告訴我們，通常，人們按先後順序將一大堆事項記憶在腦中時，後面所記的事項受前面所記的事項影響，進而導致記憶遭到壓抑，這叫做「順向抑制」，而前面所記的事項受到後面所記的事項影響，導致記憶遭壓抑

時，則稱作「逆向抑制」。因此，放在中間記憶的事項很不容易記牢，這正是同時受到正、逆雙方抑制的必然結果。在26個英文字母中，前三個A、B、C和後三個X、Y、Z往往是我們最先記住的字母，道理即在於此。

　　因此，每次學習時，為了避免「順向抑制」和「逆向抑制」對記憶的影響，最重要的知識點應該放在最初或最後的時間裡進行記憶。

4. 記憶後九小時內必須複習

　　「記憶能維持多久？如果可以知道記憶的極限（忘記的時刻），是否只要在忘卻前即時加以複習就可以延長記憶？」我知道你一定會有這樣的疑問，其實，著名的心理學家艾賓浩斯早就給了我們一個令人滿意的解答。他透過精密儀器繪製出一條記憶維持曲線，即「艾賓浩斯記憶曲線」。他根據曲線形狀得到以下結論：

　　人的記憶力在記憶的同時便開始迅速遺忘。隨著時間的流逝，遺忘速度會漸趨緩和。比如，記憶後的一小時之內會產生相當多的忘卻，但一小時後，忘卻程度就漸緩，忘記率相對減少。經過十天半個月後，仍得以保存的記憶，不管經過怎樣漫長的時間也不易忘記。

由此可知，我們若能在忘記率由急變緩的時間內即時複習，則長久記憶（保存）的知識也會相對地增多。這個時間表已經算出，大約是在記憶後九小時左右，遺忘的速度最快。同時，又有實驗顯示，記憶後九小時內的維持率（記憶率）約為35％，而忘記量卻佔三分之二。換言之，在這段時間裡，若能花一點時間把學習過的內容即時進行複習，使大腦對所學的知識維持率逐漸提高，則最後的記憶保存量必然會大幅度增加。因此，記憶一段資料後的九小時內必須重複記憶，這樣才能最大限度地減少遺忘。

5. 讀加手寫，印象更深刻

俗話說：「聽十遍不如看一遍，看十遍不如親手做一遍。」把聽、看、讀、寫、說充分地結合在一起，給予頭腦內容相同、方式不同的記憶，這樣留下的印象會讓你覺得更清晰、更深刻。

幼稚園的小孩玩遊戲時，常常一邊玩一邊口中唸唸有詞。即使一個小孩單獨玩，旁邊沒人和他講話，也是如此。這是一種將心裡所想的事物改變成語言，以刺激自己動作的行為。這種自我對話的語言，瑞士心理學家畢爾塞稱之為「自我中心語言」。所以，記憶某事時，最好能像幼稚園的孩童那樣，把內

容變成「自己的語言」，「自言自語」地說給自己聽，這實際上是在心裡記憶的過程中又加上了聽覺記憶的過程，在說和聽中加深記憶，效果當然更好。

同時，一邊讀，另外再加上手寫，使得記憶進一步訴求於視覺，記憶效果自然倍增。

6. 記憶黃金定律──閱讀一分鐘，默記四分鐘

所謂默記，就是動嘴但不出聲的記憶方式。這種方式非常有效，每個人都使用過。但是，很少有人有計畫地將它運用在學習上。

以研究記憶術和學習心理而著稱的學者凱茲曾做過一項實驗：在九分鐘內記憶十個毫不相干的英文單字為例，做「3/5閱讀，2/5默記」和「2/5閱讀，3/5默記」以及「1/5閱讀，4/5默記」幾組分配的情形下，發現分配默記的時間越長，記憶量越大。與所有時間都用來閱讀的35％記憶量比較，4/5時間供默記時有74％的記憶量。四個小時後再做測驗，前者記憶量降至15％，後者仍保持48％。

由這項實驗可知，默記不僅可擴大記憶量，而且記憶維持量也大於閱讀。大體而言，學習時間分配以「閱讀一、默

記四」為最好效果。需要注意的是：默記時如果不是迫不得已，一定不要查閱文字。

7. 自我測驗是增強記憶的絕招

自己測驗自己是一種增強記憶的方法，它可以幫助你確切瞭解自己的實力。透過經常性的自我測驗，你就能知道還有哪些知識沒學好、沒記住，哪些地方易混淆、有誤差，也就能馬上核實校正，避免一錯再錯。此外，它還可以培養我們隨機應變的能力。在考試中，考題往往變換了角度，與原來上課時老師教的不太一樣。如果經常運用自我測驗的記憶法，對所學知識從多方面理解、消化，那就能做到胸有成竹、臨危不亂，即使遇到出乎意料的問題，由於平時的訓練有素，你也可以做出很好的處理。

具體而言，自我測驗首先要做到定期進行，方式上則可以採用默寫和自問自答。默寫出文字比只看不寫的記憶效果要顯著許多。這是因為默寫時注意力高度集中，大腦思維積極活動，必然使記憶的知識得到很好的鞏固。另外，如果經常對自己提出問題：「假若我是老師，我希望學生掌握哪些問題呢？」從多種角度自問自答，就會收到意想不到的效果。因為自問自答能使你進一步明確學習的目的，增強學習的興趣，激發學習

的熱情。而且還能夠培養你豐富的想像力，對你今後的成長將具有舉足輕重的作用，當然，更為重要的是這種方法非常有利於提高你現在需要記憶的學習內容。

定期的自我測驗可以按日、星期、學期裡時間單位來順序進行。每天晚上睡覺前，應該將當天所學的知識要點複述一下或默想一遍。到了週末，就可將一星期來所學課程的內容變換角度提出問題，寫在一張紙上測試自己，發現存有疑難或模糊之處，馬上解決，絕不拖延。一個單元結束後，可問問自己這個單元學了些什麼，有哪些主要內容，取得了什麼收穫。一本書教完後，也就是到了學期末，可以翻開課本目錄，逐章回憶內容，然後挑選那些重要內容來進行自我測驗。

8. 嘗試回憶更有利於記憶

所謂嘗試回憶，就是指在背誦過程中，不斷地自己考自己。考的方法很多，主要是採用自己複述、自己默寫等方式。例如，在記憶英語單字時，可以試著默寫，也可以看著英語默寫中文，或者看中文口讀英語。背誦課文時，可以不斷地嘗試著自己背。背的不對時，再翻書重新記憶。對學習過的重點知識，即時進行嘗試回憶，會有很好的記憶效果，

它可以幫助你即時瞭解自己在學習中的記憶情況。每次嘗試回憶後，就會知道自己記住了什麼，如發現自己有哪些沒記住，再做進一步閱讀時便可有重點、有選擇地記憶。此外，這種方法還可以激發我們的學習積極性。進行嘗試回憶，目的是逐字逐句地再現讀物，促使自己逐字逐句地讀，把目標對準那些尚未記住的知識。

有些同學在記憶的時候，總是悶著頭一遍又一遍地閱讀。這種枯燥無味的重複閱讀，往往不能使大腦皮層處於興奮狀態。這樣，必然會降低記憶效果。嘗試回憶比照本宣科要費力氣，特別是在回想不起來的時候，就要啟動大腦。因此，大腦皮層的神經細胞一直處於興奮狀態，也就更容易記住所學的知識。

9. 尋找適合自己記憶方法的過程也是記憶的過程

記憶的方法很多，但並非每一種方法都適用於各個科目和各個同學。因此，同學們最好能摸索出最適合自己的一套記憶方法，事實上，在思考合適的記憶方法的過程中，你的記憶也得到了進一步的加深。

比如，你需要記住幾個英語單字，想把它們組成一句話，以便於記憶。於是你就必須把這幾個單字的音、形、義都弄清

楚，就算你最終無法把它們組成一句話來進行記憶，或者一時想不出適當的記憶方法，但在你思考、尋求記憶方法的這個過程中，就已經把這幾個單字記住了。可見，這樣做是值得的。所以說，思考的過程，也就是進一步理解知識的過程，能有效地幫助我們加強記憶。

10. 鍛鍊右腦增強記憶

科學家研究證明，左右腦的功能是不同的。大腦的右半球相當於一個表象儲存系統，主要記憶各種形象資料，如圖形、閃光、音樂、震動等資訊；大腦左半球則相當於一個字詞儲存系統，主要記憶語言、說話聲音、文字、抽象的符號等等。大腦兩個半球的分工並不是絕對的，而是相互關聯、相互配合、相互補償的。我們最常用的是左半腦，如果能把右半腦的功能加以開發，就能減輕左半腦的負擔。同時，把兩個半球的大腦都充分利用，還會收到驚人的記憶效果。

由於左半腦主要支配右半身，右半腦主要支配左半身。因此，要鍛鍊右腦，就應該多運動左半身，如左手、左腳等。這裡我們將為你介紹一套簡單的單側體操，如果你能夠按此步驟練習並養成習慣，對於你右半腦的開發將大有好處。要領如下：

1. 立正，左手握拳上舉，左臂屈伸。

2. 仰臥，左腿向上直舉，再向左側倒下。

3. 左臂直舉，靠近頭部，再自由下垂。

4. 身體向左傾倒，用左手、左腳尖觸地支撐身體。

5. 左臂伸直，身體筆直斜躺。

6. 彎左膝起身，俯臥撐，左腳向上抬高，右臂盡量不用力。

如果每天堅持做這套體操，只要持之以恆，對於增強記憶力、提高學習效率是很有好處的。其實，平時多運動左側身體，如用左手握筷子吃飯、用左腳踢球等，也能產生和單側體操一樣的效果。

7 讀書有高招

　　或許，你非常羨慕那些天才；或許，大師們的成就讓你驚嘆不已；或許，那些巨星級人物的成長經歷讓你更加憧憬未來。但你知道嗎？這些人在和你一樣大的時候就踏上了這條不歸路，那就是讀書之路。他們為自己能有書讀而快樂，並如飢似渴地汲取書本中的知識。請你也走進這個天地裡，因為，這裡是知識的殿堂，這裡是智慧的泉源，這裡是你走向輝煌人生的開始！

高手學習法

1. 學會「吃」書

　　南宋理學家朱熹，曾是廬山白鹿洞書院之主。前來求學的人見他伏案苦讀，書頁邊都是黑色的，甚至成了碎片，有人脫口而出：「這真是『吃』書啊！」朱熹聽了滿意地點點頭，當下就向學生們宣讀了白鹿洞書院的第一條學規，那就

69

是講究「吃」書。他說，書有兩種「吃法」（實際上是指讀法）：一是如大嚼大嚥，然後反芻；二是細細咀嚼，慢慢品嚐，必須把兩者結合起來。

無獨有偶，數學家張廣厚有一次在一本外國數學雜誌上看到一篇關於虧值問題的論文，感到很有啓發，便置於案頭，用心閱讀。這篇文章總共20多頁，他卻反反覆覆讀了半年多，白色的頁邊上留下了一道道手指摩擦後的黑印。他的妻子開玩笑地說：「這哪叫念書啊，簡直像吃書一樣。」

朱熹、張廣厚的「吃書」，就是勤奮學習的代名詞，這是精讀深鑽的基礎。

在學習之外，同學們總想選讀些有特別愛好和興趣的書，使自己的個性得到發展。倘若一旦選定書目，也得講究如何「吃」法。以下的「吃書」法，你不妨一試。

1.添線法。讀書時用紅、藍筆，在文筆好的地方用紅筆畫線，理念好的地方用藍筆做記號。

2.採蜜法。一邊讀，一邊摘錄精華，做成「採蜜簿」。

3.自問自答法。就是從大體上瞭解一下書的結構和各章節內容，然後合上書，先自己想想。一邊散步，一邊自問自答：是什麼？爲什麼？怎麼樣？然後再去熟讀、精思，甚至動手

做。

4.重讀法。即讀過的書，隔些日子再重新讀一讀書中畫線、標記的重點地方，所花的時間不多，卻有新的收穫。

2. 讀書要抓重點

這是一個知識爆炸的時代，想要看完各式各樣的書籍幾乎是不可能的，因此，讀書一定要抓重點。

有的同學翻開一本書，常常跳過目錄，直接看正文，美其名曰「節約時間」。其實這反而會浪費你很多時間。以一句「我思故我在」的名言而名揚天下的哲學家笛卡兒曾經說過：「通常的書籍只要讀幾行，再看看目錄，就可以瞭解書中說些什麼了。」可見，目錄的作用並不僅僅在於告訴你書的內容，透過目錄，你還可以看出全書中各章節之間的相互關聯。所以，看過目錄，便可大致瞭解書中的主要內容及重點，並從中找出你最需要的內容。

如果你光讀正文，會很容易拘泥於細節，只見樹木而不見森林。所以，對於已讀過的書，最好再重讀目錄，以便掌握全書的重點和精華，提高理解程度。

除了目錄之外，你還需要注意書中那些諸如「總之」、「換言之」之類的語句。這些語句做為某一段或某一層意思

的小結和概括，它往往是該段或該層意思的重點和精華，同時也能產生承上啓下的作用，這樣可以加深你的印象。注意領悟這些語句的含意，就能很方便地抓住一個段落或整篇文章的重點了。

另外，你自己以前閱讀時在書邊寫的眉批、註解和某些重點語句下的畫線，應做為以後再次閱讀時必須關注的重點。因為，同樣的知識對於不同的人來說具有不同的價值，那些經過你自己篩選之後留下來的知識，對你來說，肯定是重點。當然，由於時間的推移，以前是重點的東西，現在對你來說也許已經不再是重點，這是因為你已經進步很多，視野也開闊很多，以前的重點對現在的你來說，已經是一種常識性的知識了。這也是你不斷學習、不斷進步的效果。

3. 讀過的書本一定要留下記號

愛惜書本是符合傳統觀念的美德，本來也是無可非議的。但是，如果過分愛惜書本，捨不得在上面做任何必要的註解和記號，反而會在以後複習時造成不便，甚至把學到的知識原封不動地還給書本。

不知你是否有過這樣的經驗，當你需要查閱某些內容時，往往只記得它在某本書裡，具體是在哪一頁第幾行卻早已記不

清了。除非你有耐性翻閱全書，或湊巧看到，否則，只有乾著急的份了。

但是，如果你能在課本上用筆將重點部分的有關內容勾畫出來，做一些眉批加以提示，或將參考書拆散，依內容重新分類編排，結果又怎樣呢？肯定會大大方便閱讀，大大節省時間，進而提高你的學習效率。

所以，讀過的書一定要在上面做一些方便記憶或查閱的記號，不要捨不得在書本上畫線、做記號……一本書讀完後如果還像新的一樣，那只能說明書中的知識還在書本裡面，你還是跟沒有讀過一樣。

當然，我們所說的在書本上畫線、做記號等方法只能限於你自己的書本，如果是向別人借的書或是從圖書館裡借來的書是不能在書本上畫的，你可以把一些重點的內容抄錄下來，這就是一個很好的方法。

4. 充分利用課本和參考書

如果把小朋友比做士兵，那麼，考試就可以說是戰場，知識便是武器。士兵沒有武器是無法打勝仗的，同樣，如果小朋友沒有知識也不可能在考試中獲得成功。

身為學生，我們的知識主要來自於課本和參考書。想要

利用好我們手中的課本和參考書，首先要做到對書中內容非常熟悉。課前要打開課本認真預習，上課時聽不明白的地方應即時請教老師，課後要把握時間複習。對於數學課本來說，書中的定理、公式是必須牢記的，例題不僅要看懂、會做，更要學會舉一反三，盡量多想想還有沒有其他辦法可以解答，如果題目條件變化又該怎麼做。對於國語課本來說，書中的詞彙不僅要記住，更要會用，多造詞、造句、寫短文，課文更是要反覆閱讀、朗誦，甚至背誦。在使用課本的過程中，還可以採用畫線、做筆記、寫註解等方式突出重點，加強記憶。

除了課本之外，參考書也是很重要的。目前，市面上的參考書很多，如何選擇參考書對很多同學來說又是一種考驗，一定要認真選擇那些最適合自己實際情況的參考書。如果你的基礎不夠好，就應該選擇那些重點講解基礎知識的參考書，一定要先打打基礎。對學業成績不錯的同學來說，就應該選擇那些帶有提高性質的參考書，透過這一類參考書，既可以鞏固所學的知識，還可以進一步對知識進行活用，有助於在考試中獲得更好的成績。

5. 輕鬆、愉快的心情能提高學習效率

同學們在學習中可能碰到過這樣的情況：心情愉快時就能夠輕鬆地把書順利地讀下去，而且，讀書的效果很好；如果心

情欠佳，讀起書來就非常的艱難了，看了半天也不知道書上說了些什麼。

美國學者嘉西爾德曾經做過一個有趣的實驗：他把50名學生分為兩組，一組懷著輕鬆、愉快的心情學習，另一組則在非常不愉快的氣氛中學習。經過一段時間後，他發現，懷著輕鬆、愉快的心情學習的那組學生，基本上都能記住所學過的大部分內容，而另一組學生的情況就明顯差多了，他們很難記住自己所學過的內容。這個實驗充分地說明了心情能夠制約學習的效果。

所以，大家在學習時一定要保持良好的心態。如果學習時心情還亂糟糟的，就必須馬上弄清自己煩躁的原因，然後解決好問題之後再學習。要是實在靜不下心來，就索性出去散散心或跑跑步等做一些比較輕鬆的活動，等心情好轉之後再開始學習。不要在心情不好的時候勉強自己學習，那樣的話，是不會有什麼效果的，除非是裝給父母或老師看，但似乎也沒有必要這樣做，還不如把你的煩惱告訴父母或老師，讓他們幫你解決，這樣效果會更好一些，你覺得呢？

6. 在僻靜的地方讀書有利於集中精力

讀書時選擇較為僻靜、不易受到干擾的地方，更容易做

到全神貫注。

例如，教室或圖書館門口的位置受到的干擾是很大的。因為那裡是人們進進出出的必經之地，如果你坐在那裡讀書，就很容易不時抬頭觀望進進出出的人們，被他們的舉動和談話分散注意力，甚至門外的各種事物的動靜也容易對你造成干擾。相反，如果你坐在僻靜的角落裡看書，就不會出現這些問題了，因為很少會有人在你身邊走來走去，這樣你就可以安心地讀書了。

如果從樓層角度來說，越高的樓層越有助於集中精力看書。也就是說，二樓比一樓好，三樓又比二樓好，依此類推。這是因為，由於人們的活動，使得下層受到的干擾比較高的樓層多。較高的樓層能有效地降低干擾，相對比較僻靜，如果讀書累了還可以將視線轉向窗外，讓廣闊的視野緩解你的疲勞。

7. 和同學一起學習不易疲倦

學習是一項腦力活動，雖然透過一些正確的方法能夠讓你輕鬆、愉快的學習，但時間一久就會讓你產生疲憊的感覺，大腦也會感到疲勞。如果長時間一個人埋頭看書、學習，氣氛會過於沉悶，很容易感到緊張、疲倦。而且，如果遇到什麼疑問，也沒有人可以一起討論，只好自己冥思苦想，時間久了便

容易產生厭倦感。

根據心理學家的研究，同樣的學習，如果參與的人多，氣氛就會比較輕鬆、富於變化，學習效果也比一個人學習好許多。

對小學生來說，當你和同學一起看書、學習、複習功課的時候，效果將遠比你一個人孤軍奮鬥要好，這樣做也比較符合我們所提倡的快樂學習法。

對於那些貪玩、好動、缺乏自制力的同學來說，其他同學認真學習、做作業的舉動也是一種無形的約束，可以對你產生好的影響，可以帶動、督促你學習，而且，做作業時比一比誰做得快、誰做得好，還可以在同學之間形成一種良好的競爭氣氛，這也有助於激發大家的學習興趣和進取心。碰到問題大家可以相互討論、共同探討，找出最佳解題方法，這樣就能活躍思維，比一個人在家埋頭苦讀強多了。讀書累了，偶爾講個笑話，還能活躍氣氛、消除疲倦感。

8. 書桌上不要擺放任何與讀書無關的東西

在世界上，很多大企業都有嚴格的規定，員工的辦公桌上不得擺放任何與工作無關的東西。這一方面是為了保持整個辦公室的整潔，但更重要的是為了防止員工因為那些與工

作無關的東西而分心，也能防止員工因為在雜亂無章的辦公桌上翻找東西而浪費時間。這個規定有效地提高了員工的工作情緒和工作效率。

我們在讀書中也一樣。任何與讀書無關的東西，如鏡子、梳子、漫畫書、故事書、小玩具等，如果隨隨便便、亂七八糟地擺放在書桌上，肯定會讓你在讀書時分心。一會兒翻翻這裡，一會兒摸摸那裡，始終無法專心致志地讀書。如果碰到了難題，你可能又會順手拿起漫畫書，結果就會更加懶得動腦思考問題，索性扔下該讀的書而看起了漫畫、故事書。此外，如果書桌上堆滿了與讀書無關的東西，那麼，你也許又會為了找一塊橡皮擦或一支鉛筆而翻遍書桌，不僅浪費時間，而且會讓你心煩氣躁，這樣又怎麼能有好的讀書效果呢？

所以，一定要保持書桌的整潔、清爽，這樣不僅是一個人衛生習慣的表現，更是培養良好讀書習慣的保證。

9. 高效率的學習源於輕鬆的姿勢

很多教育心理學家認為，學生上課時如果不坐在椅子上，而是順其自然地在地板上或坐或臥，那麼，學習效率會大為提高。因為，端坐並不是看書、學習唯一正確的姿勢，最重要的是要保持放鬆的身體姿態，這樣才能遠離疲勞，有利於集中精

力，進而提高你的學習效率。這種狀態在心理學上稱爲「最佳學習狀態」。

此外，在學習中，那些用不到的肌肉也應該盡量放鬆，盡可能地保持姿勢的輕鬆。例如，當你寫字時，可以將腿部等部位的肌肉盡量放鬆。另外，也可以邊嚼口香糖邊看書，這也是一種比較不錯的放鬆方式。

對小學生來說，只要保證你的姿勢不會影響視力，那麼，一定要在盡可能放鬆的狀態下看書、學習。

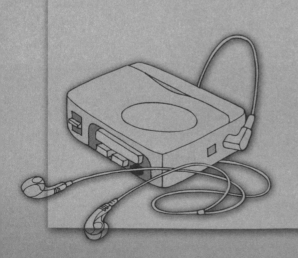

第二章
把握好學習的五個環節

1 預習

預習是重要學習方法的起步：

一、能培養自學習慣和自學能力。

二、能增強聽課效果。

三、培養發現問題的能力。

四、有利於加強記憶。

是把自己在作業以外的時間充分安排，瞭解功課薄弱之處和空白點，加強預習能把基礎打好。

高手學習法

1. 預習——培養自學能力與發現問題的能力

所謂預習，是在老師講課以前先把學習內容自學一遍，對學習內容有個大概的瞭解，為上課聽講做好充分的準備。具體而言，預習的作用主要有以下四點：

1.預習能培養自學習慣和自學能力。因為預習通常是「單兵作戰」，所以能增強獨立性，減少依賴性。

2.預習能增強聽課效果。掌握了正確預習方法的同學往往能在預習中發現問題，找出疑點，帶著這些疑點去聽課，聽課效果自然大大提高。

3.預習能夠培養你發現問題的能力。當你預習新的學習內容時，如果你能找出一些自己覺得比較難的問題，並帶著這些問題去聽老師講課，效果會非常好，也會讓你注意力更加集中，因為你心中的難題正等待著老師來幫你解決。

4.預習有利於加強記憶。經過預習的同學對要學習的內容有了初步瞭解，在課堂上就有充裕的時間對老師的講課進行思考、消化，進而馬上鞏固知識。

因此，預習是非常重要的，是非常有意義的。但是，話說回來，並不是說沒有預習就聽不好課了，說穿了，預習是為聽課做準備的。預習應該是在有條件的情況下來進行。對於學習狀況較差的學生來說，比預習更重要的是如何在作業以外的時間裡把以前的薄弱和空白點即時彌補，因為打好基礎更為重要。

對於小學低年級的同學來說，預習不宜過多，尤其不要深入學習課文內容的細節。否則，會有反效果。因為，預習過

多、過細，會出現這樣的情況：老師拼命講課，預習過的同學卻覺得「我都學過了」，沒有聽課興趣，養成不認眞聽課的習慣。低年級學生的功課並非難到不預習不能理解的程度，與其一直往前預習，不如把已學過的內容多複習，確實弄清楚，並加深理解，徹底記住。因此，低年級學生以預習佔二分，複習佔八分的比例較爲理想。

2. 事半功倍的預習方法

預習不是把老師第二天要講的內容草草看一遍就算了事，而是要講究一定的方法。一旦你掌握了正確的預習方法，你就會收到事半功倍的學習效果。

1.選擇好預習的時間

預習的時間通常要安排在做完當天功課的剩餘時間，並根據剩餘時間的多少來安排預習時間的長短。如果剩餘時間多，可以多預習幾科，預習時可以多找出一些問題；如果沒有多餘時間的話，就應該把時間用於薄弱學科的預習。

2.首先迅速瀏覽一遍即將學習的新教材

這時要瞭解教材的主要內容，弄清哪些內容是自己一看就懂的，哪些內容是自己覺得比較難懂的。

3.帶著問題，邊思考邊看第二遍

對於初次閱讀還沒弄清楚的問題，在第二次閱讀時，頭腦裡一定要帶著這個問題，深入思考，仔細鑽研教材，這時的閱讀速度可以適當放慢一些，遇到困難，可以停下來，翻翻以前學過的內容，或者查閱有關的工具書、參考書，爭取依靠自己的努力把難點攻克，把問題解決，把沒弄懂的地方弄懂。對於自己經過努力仍未解決的問題，也不必勉強去解決，這樣會花費更多的時間。可以把這個問題記下來，留待課堂上聽課時再解決。

4.邊預習邊做好預習筆記

預習筆記有兩種，一種是直接記在課本上，一種是記在筆記本上。在課本上記的預習筆記要邊看邊進行，以在教材上圈點勾畫為主。所圈點勾畫的應是教材的段落層次，每部分的要點，以及一些生澀的詞彙。同時，也可以在課本的空白處做眉批。寫上自己的看法和詞彙，寫上自己沒弄懂的問題和查閱的參考書、工具書等等。

5.不同學科有不同的預習方法

預習也不能千篇一律，要根據不同的學科特點掌握預習重點，選擇不同的預習方法。例如，國語課首先要排除生

字、生詞障礙，再分析段落大意、中心思想及寫作風格、手法；而數學課則要把重點放在數學概念、數學運算的掌握上。

6.多和爸爸媽媽溝通

把自己在預習中的心得說給爸爸媽媽聽，讓他們為你分析一下優點和不足之處，這樣你才能有更大的收穫和進步。

另外，你必須要記住的是，不管你在預習上學到了多少知識，掌握了多少知識，千萬不要以為自己全懂了，等到老師講課時就不認真聽講。雖然有一些問題在你自己看來可能是懂了，其實並非如此，因為有一些問題在你自己進行理解的過程中可能會存在一些失誤，但你自己並不知道。這樣，當老師講課的時候，只要你順著老師的思路去進行思考，你就會發現自己的一些不足之處。

2 聽課

　　眼到、耳到、手到、口到、心到是聽課要訣，缺一不可，只要「專心聽講」，精力高度集中，老師在課堂上的講解內容就會很深刻印在腦裡。

　　課堂上的筆記，是知識點的來源，做好筆記的內容就是讀書成功的一半，畫龍點睛，提綱挈領是做學問的基礎，不怕學不會，就怕自己不用心。天下無難事，只怕有心人，同學們只要把握住方法，沒有學不好的道理。

高手學習法

1.聽課要學會抓住重點

　　聽課要全神貫注，只有注意力集中才能抓住重點。那麼，聽課應該抓住哪些重點呢？讓我們一起來看看吧！

重點之一：每節課的兩頭

所謂每節課的兩頭，是指每節課開始的時候和快要結束的時候。

　　每節課開始時，老師總要拿出幾分鐘的時間，將上節課講的主要內容提綱挈領再一次地強調一下。方法比較靈活，有時是老師自己說，有時是以提問的方式檢測學生，然後根據學生的回答情況進行分析，並提出應該注意的問題，這就是講課的重點。這時，會聽課的同學就會格外注意聽，從中找出自己上節課學習中的漏洞，並即時補上。此外，每節課講完後的幾分鐘小結也是講課的重點，同學們也應該認真聽。因為，老師這時要把本節課的重點畫龍點睛地總結出來。

　　一定要明白，老師講課的開頭和結尾，雖然只有短短幾分鐘，卻凝聚著老師多年教學經驗的結晶，十分重要。

重點之二：老師講課中的提示

　　在講課過程中，對於重點和難處，老師往往有語言上的提示，比如「這一點很重要」、「這兩個概念容易混淆」、「這是個常見的錯誤」、「以上內容說明」等等，這類語句往往是在幫你提示課文中的重點。注意這些語句，有利於我們迅速抓住學習中的重點和難處，提高學習效率。

重點之三：老師的重點歸納和反覆強調的地方

老師反覆強調的地方往往是重要的或難於理解的內容。而重點歸納的東西不僅重要，而且具有提綱挈領的作用。要注意在聽清講解、看清重點的基礎上思考、記憶，並做好筆記，以便於今後複習。

總之，真正抓住老師講課的重點，能產生事半功倍的效果。

2. 防止聽課出神的辦法

你可能會經常碰到這樣的事，一節課上，老師正在上面講課，而自己卻不知不覺地出神，等回過神來的時候，老師講到哪裡自己卻什麼也不知道了。更糟糕的是，老師偏偏在這個時候點名向自己提問。唉！要是地上有個洞就好了，可以一鑽了之。

注意力高度集中，全神貫注，是聽好一節課的關鍵。但事實上，很多同學都會出現聽課出神的情況，也就是所謂的「開小差」。

要解決這個問題，首先要做到五到，即：眼到、耳到、手到、口到、心到。

「眼到」是指聽課的過程中，眼睛要跟著老師的手勢、黑板書寫、示範等動作，生動而深刻地領會老師所要表達的意思。

「耳到」是指耳朵要專心聽老師所說的話，聽老師如何讀課文、講解課文、如何分析例題、如何歸納總結。另外，還要認真聽同學們的發言，也會對自己有一定的啟發。

「手到」則是指雙手要隨時準備記錄和抄寫重要的課堂內容或自己在聽課過程中產生的問題。

「口到」是指要準備隨時回答老師的提問。

「心到」的意思是腦子要緊繫課本，啟動腦筋，積極思考。

此外，還可以在課桌的右上角貼一張寫有「專心聽講」的紙條，這樣就可以時時提醒你上課不要出神。如果周圍的同學在上課時找你說話或傳紙條等，可以置之不理，等下課後再友好地進行溝通。

只要精神高度集中並積極思考，課堂上學到的內容便會深深地印在你的腦海中。

3. 課堂上要積極發言

課堂上不僅是老師向學生傳授知識的地方，更是老師和學生雙向交流的地方。這種雙向交流包括：一是老師向學生提問和學生回答問題，二是學生向老師請教和老師解答疑問。因此，同學們在課堂上的發言也有兩種形式：回答老師的提問和向老師請教問題。

要在課堂上積極地發言，關鍵要做到以下幾點：

1.專心聽講，積極思考

這是聽課的根本要求，也是發言的根本要求。如果連老師講解的都沒有聽清的話，你怎麼回答老師提出的問題呢？如果沒有積極思考的話，你不僅不可能正確地回答老師提出的問題，更不可能將自己在思考過程中的疑問提出來向老師請教。

2.要大膽，不要怕出錯

不管你是誰，當你第一次在課堂上站起來說話時肯定有些害怕，可能是渾身發抖，可能會面紅耳赤，可能會不敢說話，這些都是很正常的事，其中的原因我們在這裡不用多說。但是當你第二次站起來說話的時候肯定沒有第一次害怕

了，等到第三、第四次的時候你就會覺得這是非常自然的事了。因為你的膽子已經練出來，你什麼都不用害怕了。

3.聲音洪亮，吐字清晰

只有做到這一點，才能讓老師和每一個同學都聽清楚你的發言。同時，大聲發言還能有效地訓練課堂發言的膽量。

4.條理清楚，簡單明瞭

有條有理、邏輯清楚地說話不僅能表現出一個人的說話水準，還能表現出一個人的思維能力。因此，同學們要在發言之前略微整理一下自己的思路，可以打一個腹稿，也可以在草稿紙上簡單寫一寫，這樣可以逐漸訓練自己做到發言時能夠條理清楚。另外，課堂時間很寶貴，所以，每一位同學都應該盡可能地用最簡明的話表達出自己的想法，以便節約大家的時間。

5.表達方式要恰當

當你的意見、看法與老師不同時，要以適當的方式和語氣提出，切忌自以為是，目空一切。這就要求你一定要有一個謙虛的態度。

4.課堂筆記記什麼

記課堂筆記並不是將老師說的每句話都記錄下來，而是要抓住知識的要點。具體而言，課堂筆記應該記以下的內容：

1.記老師的綱要

板書是老師列出的講課提綱，是以圖、表的形式展現了一節課的主要內容，同時還能反映出知識點之間的相互關聯，便於我們理解和掌握。

2.記老師的思路

老師講課的思路通常用語言或結合板書表現出來。比如數學題的解題步驟，就顯示了老師的思路，應有意識地加以思考，並記在筆記中。

3.記老師強調的重點

記下老師強調的重點有助於我們更好地理解所學的內容，也有利於我們在複習時的作用，避免浪費寶貴時間。

4.記補充內容

有時，老師在講課中爲了更好地說明問題，會補充一些內容。比如，國語課上，老師可能會補充一些關於作者生平和寫作背景的資料，這些內容是課本上沒有的，但對於理解

課文有很大的幫助，也可以有選擇地記在筆記本中。

5. 記自己所認為的難處

聽課時，難免會有不明白的地方，這時，就可以把這些難處記下來，等下課後再請教老師或同學。

5.怎樣做課堂筆記

美國心理學家巴納特曾經做過一個實驗，他把學生們分成三組，每組以不同的方式進行學習。甲組的學生一邊聽課一邊做筆記；乙組的學生在聽課的同時，能看到已由別人做好的筆記，但自己不動手寫；丙組的學生只是聽老師講課，既不動手做筆記，也不看別人做好的筆記。一節課上完之後，對三組學生進行測驗，實驗結果顯示：甲組學生的學業成績最好；乙組學生的學業成績次之；丙組學生的學業成績最差。

透過這個實驗，我們可以看出，做好課堂筆記對於學習來說是極其重要的。

那麼，怎樣才能記好課堂筆記呢？

1.給每一個科目準備一本單獨的筆記本，而且最好是活頁筆記本，以便於日後整理時使用。不要在同一個筆記本裡同時

記幾科的筆記，否則會非常的混亂。同時，要準備兩種不同顏色的筆，以便透過顏色突出重點，區分不同的內容。

2.在筆記本每頁的右側畫一直線，留出1/3或1/4的空間，用於課後拾遺補缺，或寫上自己的心得體會。左側的大半頁紙用於做課堂筆記。

3.為了使筆記顯得條理清晰，可以使用一些醒目的符號。比如：「~~~~~~」（波浪線）表示重要內容；「……˘」（著重號）表示關鍵的字詞；「？」（問號）表示質疑等等。這類符號的使用最好固定下來，不要隨意更動，否則你自己反而會感到混亂。

4.為了提高記筆記的速度，可以適當簡化某些字和詞，不必像寫作業那樣工工整整。最好是建立一套適合自己的書寫符號，比如用「∵」代表「因為」，用「∴」代表「所以」等。

5.如果漏記了筆記，不要擔心，不要總是惦記著漏掉的筆記內容，而影響聽記後面的內容。可以在筆記本上留出一定的空間，課後求助於同學或老師，把遺漏的筆記盡快補上。

6.課後要即時檢查筆記。下課後，從頭到尾閱讀一遍自

己記的筆記，既可以產生複習的作用，又可以檢查筆記中的遺漏和錯誤，將遺漏之處補全，將錯別字糾正，將過於潦草的字寫清楚。同時將自己對講課內容的理解和自己的收穫及感想，用自己的話寫在筆記右側的空白處。這樣，筆記才能變得更加充實、完善。

6.整理課堂筆記的方法

　　一般來說，由於上課同時要兼顧聽課、做筆記、思考問題等，時間顯得有點緊湊，因此，同學們在課堂上做的筆記都比較雜亂，不太方便課後複習使用。學會整理、加工課堂筆記是很有必要的。其方法與程序分為以下六個步驟來進行：

　　第一步：回憶。課後應該盡快掌握時間，把握時機，對照書本、筆記，即時回憶有關的課堂內容。這是整理筆記的重要前提。因為對筆記的整理必須建立在對課堂內容精確回憶的基礎之上。

　　第二步：補全。課堂上所做的筆記，因為是要跟著老師講課的速度進行的，而通常情況下，講課速度要比記筆記速度快，於是課堂筆記難免會出現缺漏、跳躍、省略，甚至符號代替文字等情況。這就需要我們在回憶的基礎上，及時補全筆記，使筆記豐富、完整。

第三步：修改。仔細閱讀課堂筆記，對錯字、錯句及其他不夠確切的地方進行修改。其中，特別要注意重點、難處的有關內容的修改，使筆記更精確。

第四步：捨棄。果斷捨棄那些無關緊要的筆記內容，使筆記看起來簡潔明瞭，一目了然。

第五步：編碼。首先應對筆記本標出頁碼，然後用統一的序號，對筆記內容進行提綱式的、邏輯性的排列，整理好筆記的先後順序，並參照書籍做一份目錄，最好再附上簡要說明，這樣筆記就會更有條理，更有系統性，也更方便日後查閱。

第六步：抄錄。把經過整理的筆記進行分類抄錄，可以用卡片進行抄錄，也可以用別的筆記本進行抄錄。這樣，日後複習、使用就方便了，按需所取，綱目清晰，快捷好用。筆記不僅能幫助我們鞏固複習課堂知識，更具有資料的性質。

經過這六個步驟整理出來的課堂筆記才能真正成為清晰、有條理、好用的參考資料。

7.課本上也能做筆記

有的同學不習慣在筆記本上做筆記，但是老師講課中涉及的有些重點又非記不可，那怎麼辦呢？其實將腦子轉個彎就可以想到了，那就是在課本上做筆記。

在課本上做筆記主要應掌握兩個重要方法：符號和批語。

根據老師的課堂講解，同學們可以對書本中的重點內容，比如課文中的字、詞、句、註釋、文字常識等下面標上圓點、曲線、直線、虛線、雙線、波浪線、加框等，或者用圓圈、箭頭、紅線、藍線、三角、驚嘆號、疑問號等其他各種符號，以便於找出重點，加深印象，或提出質疑。哪種符號代表什麼意思，由自己決定。對於較長的段落，可用阿拉伯數字標出層次，使其眉目清楚，條理系統化，便於複習和記憶。

此外，在書頁的上下端的空白處，或者字裡行間，還可以以批語的形式加註自己的學習心得，也可以把老師講課的要點、難處以及自己對某些問題的疑點、評論隨時記在書頁的空白處。

在課本上做筆記要遵循以下四個準則：

1.使用的符號前後要具有一致性

在做記號的時候，可以重點運用自己熟悉的一兩個方法。

但是前後要保持一致，這樣在複習時你才能記得它們分別指的是什麼，不至於混淆。特別要注意畫在字句下的單線或雙線，重點項目旁的星號、圓圈和框框的用法，以及書頁的上面和下面空白處的用途。

2.要善於選擇，簡潔明瞭

不要一下子在很多語句下畫線，這樣會使得你在複習時又只好將整頁內容重讀一遍，加重記憶負擔。應選擇在一些雖簡短但是有關鍵意義的詞語下畫線，頁邊空白處的筆記要簡短扼要。這樣，就會在你的記憶裡留下更為深刻的印象，在你背誦和複習的時候用起來更為得心應手。

3.相互參照，前後關聯

例如，你發現第65頁上的觀點與前面第39頁上的觀點有著直接的關聯，你可以畫一個方向朝上的箭頭，旁邊寫上「P39」。然後翻到第39頁同觀點旁邊，畫一個方向朝下的箭頭，註明「P65」。用這種方式，兩個知識點就能在你的大腦裡緊密地關聯在一起了。

4.筆記引路，深入思考

在課本上做筆記、畫線、畫框框，插入一系列符號，能

夠有效地幫助學習和複習，但有時也容易造成好像已經細讀過其內容的假象。同學們在運用課本筆記法的過程中，一定要時時提醒自己進行真正的回憶、思考和複習。

總之，課本筆記法簡單、方便，有助於集中注意力聽課，而且，由於筆記就記在書上，對以後的複習、鞏固有著很好的提示和引導作用，同時也有利於瞭解教材。但是，由於課本上可利用的空間有限，筆記難以做得足夠詳細，也不便於課後整理。因此，最好是把課本筆記法與筆記本筆記法結合使用，進而取得最佳學習效果。

8.課堂上聽不懂怎麼辦？

每一位同學都可能遇到上課聽不懂的情況。在這種情況下，有的同學可能會說：「反正我聽不懂，再聽也沒用，乾脆不聽了」；還有的同學會立即去問自己旁邊的同學或埋頭查閱工具書、參考資料等。前者是一種消極的態度，後者雖然比較積極，但這些方法卻不可取。

那麼，同學們應該怎麼做才比較合適呢？

1.課外紮實基礎知識

同學們在課堂上聽不懂的大部分原因是由於自己的基礎知

識不夠紮實。前面的基礎沒有打好，要學後面的知識就像沒有源頭的水一樣，無從學起。好比你小的時候，連站都站不穩，又怎麼走呢？當然就更談不上跑了呀！因此，聽不懂課的同學一定要在課外把握時間把沒有學好的知識補強，先打好基礎。否則，容易造成上課時聽不懂、失去學習興趣，進而更跟不上學習進度，惡性循環便因此產生了。

2.課前預習

課前預習是解決聽不懂的一個好方法。聽課之前，先把下一堂課要上的內容好好看一看，分清哪些知識自己已弄懂了，哪些是自己無法理解或搞不太清楚的。對那些搞不懂的地方要反覆琢磨，實在不行的就用筆做上標記。上課時，帶著你心中的問題跟著老師的思路走，你會自然而然的能把注意力集中起來，只要集中注意力，聽起課來就輕鬆多了。

3.課後請教

如果上述兩個辦法都用上了還出現聽不懂的情況，依然不要緊。我們這裡介紹的第三招應該是放之四海皆準的，那就是課後請教。把沒有聽懂的地方用筆記下來，下課之後找老師或同學請教。當然，你也可以查閱工具書以及相關的參考資料。

只要以上幾點都做到了，上課時你就不可能聽不懂，除非你不願意聽，那我們也沒辦法，畢竟，我們也幫不了懶惰的學生。

9.下課十分鐘怎麼安排？

「下課十分鐘」在我們的學習中佔有多大的位置？有的同學可能認為十分鐘算不了什麼，有的同學可能認為十分鐘連玩都不夠。但是同學們有沒有想過？一天當中有多少個這樣的十分鐘呢？如果能夠有效地利用，又會怎樣呢？下面我們就一起來分析吧。

首先，下課十分鐘裡你可以將下節課要用到的教科書、筆記本、練習本、筆，以及其他學習用具擺在課桌上或者抽屜裡適當的位置。這樣一來你不但可以做一些運動，轉換一下大腦思維，而且可以做到第二節課的上課鈴一響就迅速進入學習狀態，進而避免了因臨時找東西而浪費時間、影響聽課。

其次，下課十分鐘裡一定要走出教室活動一下，散散步、呼吸一下新鮮空氣，進行一些比較輕微的體能活動。比如前後屈體、側身轉體等，這樣可以活動全身肌肉，促進血液循環，有利於上課時集中精神，保持精力充沛。即使只是遠眺幾分鐘，看看綠色植物，對於放鬆眼部肌肉、預防近視也是很有好

處的。

有的同學不注意休息，常常在下課的時候寫作業，看似掌握了時間，但實際上，這樣一來大腦就沒有得到很好的休息。第二節課上課時頭腦就會昏昏沉沉，出神是肯定的了，至於聽課的效果自然好不了。

另外，休息時需要注意的是，一定不要做一些過於刺激大腦興奮的活動，比如下棋、和同學爭論問題等。否則，上課鈴響，腦子裡還想著棋盤上的勝負、問題的是非，結果，老師講的課一點也沒聽進去，那可真是得不償失了。

3 作業

「只要你是在學習，就沒有不做作業的道理。」你是不是覺得這句話很霸道？其實，何止是霸道？而且是讓你不得不執行，完全沒有商量的餘地。這也許就是你討厭學習的原因之一吧！但話說回來，這句話雖然是霸道了點，但絕對是真理。只要你掌握了做好作業的方法，你就沒有理由不喜歡學習這個「遊戲」！

高手學習法

1.怎樣做作業

學習知識的目的在於運用。運用知識的過程又反過來鞏固知識。做作業的過程，實際上就是鞏固知識、運用知識的過程。它既能幫助我們複習和鞏固課堂學習的知識，又能培養我們運用知識的能力。認真做作業，是學習成功的有效方法。

那麼，應該怎樣高品質地完成作業呢？

1.要養成定時做作業的好習慣

每天在什麼時間做作業，做哪一科作業，要形成規律，養成習慣。有了好的習慣，到了固定的時間你就能自動去做作業，不會因為別的事情而輕易擠掉做作業的時間。而且，養成習慣後，做作業時，很容易集中注意力，提高做作業的速度和效果。

2.做作業之前先準備好相關用品

做作業之前，應該準備好相關的課本、參考書、作業本和文具，以免做作業的過程中因為缺少東西而東翻西找，分散注意力。

3.先易後難

先把當天要完成的作業都大致地看一遍，確定難易程度，然後按照先易後難的原則安排做作業的次序。因為，先做容易的，順利地做完之後，有利於激發寫作業的興趣和提高寫作業的自信心。而且，難做的作業既費時間又費精力，如果先做難題，再做其他作業時，就會感到疲勞，失去興趣，影響後面作業完成的品質。

4.盡量獨立完成

運用書上的知識，加上自己的思考，做出的答案會在腦海裡留下深刻的印象。因此，做不出來的練習題，應當先獨立思考。自己做不出來，可以先翻翻書，看看筆記，回憶並理解課堂上學習的知識，再進一步想想課堂上學的知識和這道練習題有什麼關係，就可能做出來了。或者，把這道練習題先放著，先做其他題目，然後再回頭思考這道練習題，也許思路開了，就能做出來。如果實在做不出來，再去請教別的同學，或和別的同學展開討論。如果不經過自己獨立思考，先請教別人，或直接抄襲同學的作業，這樣做的作業，印象就不深，而且難以發現學習中的薄弱環節和不足之處，容易養成依賴心理和投機取巧的不良習慣，等到你必須自己思考和解決問題時，會導致不知從何下手而歸於失敗。

5.自我檢查

作業完成之後，要仔細檢查，看看有沒有點錯小數點、漏寫單位或標點符號等因為粗心而犯的錯誤。這樣做的目的有助於養成細心的好習慣。

2.像對待考試一樣對待作業

作業和考試都是對學習成果的檢驗，就其本質來說，二者其實是一樣的。有時作業中出現過的習題就是考試的題目，有

時考試中有代表性的題目又往往成爲平時作業練習的重點。考試和作業之間的區別在於：考試是爲了檢驗大家在一段時間內對所學知識消化、掌握和鞏固的程度，是綜合的、相對來說比較嚴格的檢驗方式，而作業只是對我們的學習成果進行單項的、練習性的檢驗。

　　但是，在很多同學看來，作業和考試的份量是不同的，作業只是日常功課的一部分，而考試是要計分的，分數可以評定每人學習的等級，有時甚至透過一次考試就可以決定一個人的「前途」和「命運」。因此，很多同學平時寫作業馬馬虎虎，應付了事，總認爲自己考試的時候認眞一點就行了。殊不知，平時養成了粗心大意、丟三落四的壞習慣，到了考場上是很難做到認眞、仔細的。

　　因此，我們要像對待考試一樣對待作業，也就是說，我們要用對待考試那樣以認眞的態度、嚴格的要求，一絲不苟地完成平時的每一次作業，該畫圖的就畫圖，該寫過程的就寫過程，該驗算的就驗算，認認眞眞地算，工工整整地寫。透過平時這種嚴格的訓練，養成了習慣，考試時自然也就能和平時做作業時保持同樣的鎭靜態度，以敏捷的思考、熟練的技巧、清晰的條理、高品質的解答考試的問題，考出最好的成績來。

3.什麼時候做作業比較合適

我們常常會發現，有一些同學，下了課，書也不看，筆記也不翻，急急忙忙地做作業。但沒做一會兒就遇見了難題，再也做不下去了，於是便開始翻書，查公式、查例題。很明顯，這樣做作業的效果是不好的！一邊翻書一邊做作業，就如同「照貓畫虎」——看一筆畫一筆，這種方法只不過是一種機械地模仿，稍不注意就容易「畫虎不成反類犬」。因為你沒有看清「虎」的全貌，不瞭解「虎」的「氣質」，畫出來的「虎」或者不成比例，頭比身體還大，或者缺頭少尾，不成樣子。這些同學的錯誤就在於不該做作業的時候做作業。那麼，什麼時候做作業比較合適呢？我們給你的建議是，完成功課的複習之後再開始做作業。

做作業之前應該先回想一下當天所學的功課，翻一翻課堂筆記，重新熟悉一下當天所學的定律、概念、原理，仔細研究例題，掌握解題思路和方法，想一想當天的作業題目和課堂上所上內容的關係，做到心中有數。然後運用這些知識去做作業，透過做作業加深對這些知識的理解和鞏固。

同時，這樣做也可以避免當習題做不下去時，再回過頭來翻書的情況，既浪費時間又影響情緒。如果能做到閉上眼睛，就能將一些定律、公式的要點及其來龍去脈，充分地運用到做

作業的整個推導過程中。達到這一步，就一定會把作業做得又快又好。

　　剛開始學習這樣做時，複習和回想的時間可能較多，養成習慣之後，只要腦海裡像放電影一樣把教材回憶一遍，或者把有關的公式默想一番就可以了。開始可能需要一、二十分鐘，但只要用熟了這套方法，只要幾分鐘就夠了。

4.如何做好寒暑假作業

　　每年的寒假和暑假都是一個比較長的假期，老師們往往會在這段期間給同學們規定一些作業，以幫助大家不斷鞏固上一個學期所學的內容，有利於新學期的學習。因此，寒暑假作業是非常重要的，要做好寒暑假作業就要做到以下幾點：

1.做作業要有規律

　　由於寒暑假時間較長，大多數同學又不太會安排時間，有的同學放了假就天天玩，作業總是留到開學前的最後幾天，才急急忙忙地亂寫一通，隨便應付或者乾脆從同學那麼抄襲了事。有的同學正好相反，一放假就急急忙忙趕作業，一個假期的作業集中在幾天的時間裡就做完了，剩下的時間就每天無所事事。

以上這兩種做法雖然省事，也符合一些同學們所說的「長痛不如短痛」的做法，但問題的關鍵在於，這兩種做法都發揮不了複習和鞏固知識的作用，既然這樣做作業的方法達不到學習的目的，做與不做又有什麼區別呢？正確的方法應該是：同學們可以在爸爸媽媽（或者獨立）的幫助下有計畫地合理安排好時間，最好是制訂一個學習計畫，把假期作業平均分配到每一天，每天做一點，這樣既不會覺得煩，也能達到老師規定作業的目的。

2.提高效率

寒暑假裡，由於沒有老師、家長的監督，有的同學寫作業就心不在焉，拖拖拉拉，一會兒摸摸這裡，一會兒看看那裡，貌似學習，實際上連自己在忙什麼自己也說不清楚，當然就更不用說學習效率了。這樣既浪費了時光，又會養成做事不專心的不良習慣。因此，做寒暑假作業時，不能只滿足於做了多久時間，而是要看看自己在那麼長的時間內完成了多少作業。同時要培養自己精神專注、排除干擾的能力，確保高效率地完成作業。最好把自己每天做作業所花的時間和完成作業的量記在一個專門的本子上，讓自己來監督自己。

3.勇於面對艱難

寒暑假時間長，正是琢磨難題，提高解題能力的好時機。

因此，碰到難題時，一定不要退縮，也不應輕易向父母尋求答案。自己多花一些時間，好好想想，爭取憑自己的力量解出難題，你一定會很有成就感。另外，讀一些中外名人克服困難的故事，也有助於培養自己堅忍不拔的意志力。

4.認真仔細

在做寒暑假作業時，有的同學只顧進度，作業中常常出錯，甚至有看錯運算符號、抄錯數字的現象發生，因此每次做完當天的作業，都要細心檢查是否漏題、漏答、漏單位，應用題要認真列式檢查。

5.重視老師批改後的作業

有的同學認為，作業做完之後，只要交給老師就算完成任務了。老師批改後的作業發回時，有的同學連看都不看就往書包裡塞，有的只看一看對錯、看一看分數，做對了就笑顏逐開，做錯了就唉聲嘆氣，根本不去深究錯誤的原因。其實，會學習的同學更重視的是老師是如何批改自己的作業，以及關注自己所做錯的題目。因為，從老師批改後的作業中，可以清楚地看到自己在學習上的漏洞。

比如對於批改後的數學作業，我們主要應關注做錯的題目，看看是由於什麼原因造成錯誤的，是因為概念理解不夠

造成的呢？或者是計算錯誤？還是由於粗心大意，沒有看清題目的要求而導致的錯誤？做錯了的題目一定要訂正，對於做對的題目也不應輕易放過，看看老師有沒有批註上更好的解法。又比如國語作業，老師批改發回後，關鍵要看看自己有沒有寫錯字，有沒有語句不通順的地方，老師是怎樣批改的？然後把它訂正過來，並多練習幾遍。尤其是作文的評語，要格外認真對待，最好能根據老師的意見重新修改一遍。這樣對提高寫作能力是大有好處的。

經老師批改後的作業，既有同學們勤奮學習的汗水，又凝聚著老師們的心血與豐富的經驗，而老師對作業的評語也往往是一針見血，細細琢磨，肯定會讓你有長足的進步。

6.編一本屬於自己的《錯題集》

所謂《錯題集》，就是專門用來收集自己曾經做錯的習題的本子。編一本《錯題集》，並時常翻閱，可以提醒自己汲取平時的教訓，在以後的學習中避免或減少錯誤的產生。

那麼，《錯題集》應該怎樣編呢？首先要準備一個專用的本子，不論是平時作業，還是考試卷，老師批閱後發回來，都要把其中的錯題挑出來，在這個本子上「登記備案」。第一步是把錯題原原本本地抄下來，把錯誤的地方用紅筆畫出來；然

後，在錯題下面，按照正確的做法再做一遍；最後分析錯誤的原因，並用紅筆把錯誤的類型醒目地標出：是屬於概念理解錯了，還是沒有弄清題意；到底是分析、推理上的錯誤，還是計算上的錯誤……。每一道錯題登記時都要經過這三道工序。當《錯題集》裡的錯題累積到較多的時候，就應該把自己錯誤的原因進行歸類整理，進而歸納出自己在作業和考試中應注意的一些問題，如做計算題應注意：

1. 題目有沒有抄錯。

2. 計算順序對不對，公式有沒有遺漏。

3. 演算法則有沒有混淆。

4. 小數點處理是否正確。

5. 是不是近似值，要不要四捨五入等等。

當然，並不是《錯題集》編好之後就萬事大吉了，還應該經常重複檢查自己的錯題。考試前，除了複習課本，主要還應認真複習《錯題集》裡的問題，汲取平時的教訓，這樣才能讓《錯題集》充分發揮作用。

根據用過此法的同學們反映，剛開始，經常有錯題要登記，半個學期後，要登記的錯題就會越來越少了，有時一個星期才一道。考試時，基本上不會再犯同類型的錯誤了。

為什麼編《錯題集》會有這麼好的效果呢？主要是由於那些需要理解和掌握的重點、難處，儘管老師講課時一再強調，但同學們在自己沒有被它們「困」住之前，往往是深入不進去的。直到真正碰到難題的時候，譬如作業或考試，問題往往就會在這些地方出現了。如果大家善於抓住這些錯誤、「放大」這些錯誤，在錯誤中反覆練習，就能夠把漏洞補好，所謂：「亡羊補牢，為時未晚。」同時這種方法還可以讓你進行一種更實際、更紮實的再學習。編《錯題集》恰恰是從反面著手，透過把錯誤弄個水落石出來加深我們對知識的理解。《錯題集》可以按照數學、國語、英語、自然等不同學科來分別進行編寫。

　　剛開始編《錯題集》時可能有些困難，同學們可以請爸爸媽媽幫忙，等自己能力有所提高以後再由自己獨立編排。如下圖所示：

錯題集

科目：	第　　課	日期　年　月　日
錯誤：	正確：	說明：
科目：	第　　課	日期　年　月　日
錯誤：	正確：	說明：

4 複習

天才學習也需要複習，況且我們現在還不敢自稱為天才呢！所以複習就更應該少不了。我們學了很多東西，但為什麼學過就忘了呢？是我們的記憶力不好嗎？絕對不是的，千萬不要隨便埋怨你的記憶力，因為它真的沒什麼過錯。遺忘是一種規律，而複習便是遺忘的「剋星」，只要掌握了正確的複習方法，遺忘將離你越來越遠，你離天才的距離也就越來越近了！

高手學習法

1.分散複習比集中複習效果好

課後複習是課堂學習的延續。對課堂所學知識進行鞏固、加深理解、形成運用的技能，都離不開課後複習。但複習也必須注意方法的正確才能取得預期的效果。

根據科學家的試驗證明，分散複習比集中複習效果要好許多。因此，假如你有一個小時的複習時間，把這一小時分幾次使用比集中一次使用效果更好。比如，今天學了一篇新課文，如果晚上複習一小時，這樣一來雖然也會有效果，但如果你用另外一種方法進行複習的話效果會更佳。比較科學的複習安排應該是這樣的：當天晚上複習30分鐘，第二天複習15分鐘，第四天複習10分鐘，一星期後複習5分鐘，這樣就等於複習四次。這種方法看起來雖然比前一種方法麻煩許多，但如果你養成了這樣的良好習慣，學習對於你來說將永遠不再是壓力。

一天中時間的安排也應該如此。早晨集中半小時複習生字，就不如早晨複習20分鐘，中午複習5分鐘，晚上再複習5分鐘效果好。

分散複習的時間安排由自己根據具體情況而定，但一定要記住兩條原則：

第一，複習時重複的次數越多，間隔的時間應越長；

第二，每次複習的時間應逐次縮短。

2.回想複習法

回想複習法顧名思義是透過對學習內容的回想來進行複

習。這是一種最簡單易行的方法，而且效果不錯。

回想複習應在這四個時段內進行：

課後，即時的回想可使剛剛學完的課程條理化。

課前，簡短的回想有利於接受新課。

睡前，無後攝抑制的干擾（即：排除受到當天之後記憶的其他內容的干擾）。

醒後，沒有前攝抑制的影響（即：不會受到當天之前記憶的其他內容的影響）。

因此，這四個時段是最有利於掌握知識、最有利於記憶的時間。

具體做法如下：

每堂課後，應該把這堂課的基本內容回想一下。第一次，只需用最簡短的語言回想基礎內容，而不必回想其細節。第二次，分別回想各知識點的關鍵細節。發現記憶不清楚的地方，要即時查對筆記或課本，直到弄清楚為止。

每堂課前，需把上節課的內容大致回想一下，過程如上。

每晚入睡前，要把當天的功課在腦海中回想一下，就像放電影一樣。發現忘記的地方要立即看書，不要怕麻煩而偷懶，也不要把它拖到第二天，因為到第二天你還有其他的知識需要學習，往往會顧此失彼。

第二天醒來後，起床前，閉著眼睛再把各科課程回想一遍，同樣要求不懂時馬上看書。

這個方法的核心是透過多次形象化的重複記憶以及脈絡化的回想，達到對於課程知識的牢固掌握。

3.讓知識「生活化」可使複習更輕鬆

學習的目的就是為了能夠掌握更多的知識，進而運用知識。身為小學生，雖然我們所學到的知識還不是太多，但卻可以讓我們靈活運用，把所學到的知識應用到我們日常生活中最為熟悉的事物。因為，將知識與生活中熟悉的事物關聯在一起，複習就可以更省力，知識也掌握得更牢固。

比如學了英語單字，如果束之高閣，過不了多久就會全還給老師了。如果在生活中設法運用，不用花太多力氣，卻能記得很牢，例如：走在馬路上，可以想想汽車、自行車、街道用英語怎麼說；跟媽媽去超市買東西，試著用英語說出商品的名稱；在學校，用英語和同學打招呼、致謝、道歉等等。

又比如，在數學課上學了什麼是長方形、正方形、圓形之後，辨認一下生活中所接觸的東西各是什麼形狀。學了認識鐘錶的方法後，可以多看看時鐘，對照一下時間。

只要你肯這樣去做，不用花太多的時間和精力，新學到的知識就能牢牢地銘記在心了。

4.學會進行自我檢測

自我檢測是學習之後用來檢驗自己的學習效果和消化知識的有效方法。運用這一方法可以有效地鞏固已學到的知識，發現和彌補薄弱環節，糾正不正確的理解，避免一錯再錯而留下知識上的漏洞。自我檢測通常可透過以下幾種方式進行：

1.隨時自測

隨時利用可以利用的時間，或把學過的知識複述一遍，或默寫概念、原理，然後再和課本對照驗證。

2.階段自測

學習一階段後，認真回憶這一階段共學習了哪些基本知識，有多少可考點、可變點、關鍵點以及知識點之間有什麼樣的縱橫關係。首先是把這些知識點一一默寫或複述出來，

再與課本對照驗證；其次是把知識點之間的縱橫關係用圖表一一列出來，再與系統複習時所歸納的圖表對照。

3.設問自測

就是提一個問題，自己進行回答，務必把握要點、具體規範、嚴格要求。自我回答後再對照課本或參考資料進行驗證。

4.習題自測

找一些參考資料上附有答案的習題，自己先試做一遍，然後再和答案對照。

5.相互檢測

同學之間應積極相互提問、相互回答、相互交換習題或模擬試卷、相互解答、相互批改、相互磋商，集思廣益，共同進步。

學習自我檢測表　　　　　　　　　年　月　日

知識點：	
問題：	
回答：	
測評：	
參考資料	

5 考試

你或許會認為自己的學業成績很好；你或許已經認為自己已經學到了很多東西。但你拿什麼來證明自己的實力呢？——考試！

你或許覺得學習的壓力很大；你或許已經開始厭倦了學習，對自己失去了信心。是什麼原因讓你抬不起頭來呢？——考試！

考試——愛也是你，恨也是你；成也是你，敗也是你；自豪是你，自卑也是你！

我們在本節裡將教給你怎樣成為考試高手的秘訣！

高手學習法

1.考前一定要睡好覺

考試之前的晚上，有不少同學因為情緒緊張而睡不著覺，結果影響了白天的考試。因此，想要在考試中獲得高分，就必須先睡一個好覺。

人的睡眠過程可分為以下幾個階段：

第一階段：這時是淺睡。肌肉活動變慢，呼吸也漸漸平緩。大約歷時十分鐘左右。

第二階段：開始進入較沉的睡眠狀態。呼吸與心律都變得更慢，體溫亦逐漸下降。此階段大約持續二十分鐘左右。

第三階段：開始熟睡。腦部出現緩慢沉睡的delta慢波，這時還不會作夢。

第四階段：進入深睡。出現規律呼吸，只有有限的肌肉活動，腦部出現沉睡波。

第五階段：進入速眼運動週期。在這個階段我們開始會作夢，肌肉放鬆，心律加快，呼吸急速而淺促。

在整個睡覺的過程中，各個不同週期反覆持續進行。一旦週期被打亂，你就睡不好覺。有時候，你會真的很想把自己打昏、趕快睡覺，但就是睡不著，這個時候該怎麼辦呢？下面這些招術你不妨試一試，相信會對你有所幫助。

1.全身放鬆，平躺在床上，閉起眼睛練習冥想，或是用呼吸調息放鬆，漸漸地，你就會進入夢鄉。這是一個較好的方法。

2.睡前不要看太刺激、精彩的節目，越看就越想看完，精神反而更好。如果透過電視收看或透過收音機收聽一些談話性節目，主持人輕柔的語調或磁性的嗓音，會是催眠的好幫手。

3.聽音樂可以幫助入眠。不過聽搖滾或電子音樂，往往會越聽越亢奮。古典音樂以及輕音樂是理想的催眠曲。

4.睡前洗澡或泡腳。洗個澡或用熱水泡個腳，讓身體血液循環暢通，有助於入眠。

5.睡前喝一杯熱牛奶：肚子覺得暖烘烘的時候，也比較容易睡得安穩。

睡好了覺，第二天考試時就會頭腦清醒，自然輕輕鬆鬆考出高分。

當然，如果睡不好的話，也不要過度緊張，很多情況下是這樣的，失眠本身並沒有給患者帶來多大的負作用，而恰恰是患者的過度焦慮才會對自己造成不利的影響。

2. 弄清問題是什麼最重要

大家一定有過這樣的經驗：問題很長，乍一看，真不知從哪裡下手才好。遇到這種情況往往令人心浮氣躁，只顧著「快快作答」，而忽略了徹底瞭解試題的本來面目，這就是很多同學在考試中得不到好成績的一個重要原因。

事實上，你只要仔細觀察一下，就會發現，幾乎所有的問題都是由以下三個部分組成的：

1.解題所需的條件：要解答所不可缺少的條件一定全部都包括在題目裡。這個部分通常佔了題目的最大份量。

2.需要解答的問題：也就是你應該寫在試卷上的東西，這是一個題目最關鍵的部分。例如，「這段話告訴了我們一個什麼道理？」、「需要多少小時才能跑完這段距離？」等等。

3.對答案寫法的具體要求：這包括答案的形式和位置。例如：「將正確的答案填入空格」、「在錯誤的句子前畫△，在正確的句子前畫○」等等。這是解題時必須遵守的規則，違反了這些規則，當然會扣分，即使你會做這道題還是一分也拿不到。所以，應付考試時應該注意這些「小事」。

在以上的三個部分中，最重要的是第二個部分——「需要解答的問題」。只要能準確把握住它，就不至於因為弄錯了命

題老師的意圖而鑄成大錯。因此，一接到考卷，你要想到的絕不是「答案是什麼」，而是「問題是什麼」。並一定要多讀幾次，否則一旦理解錯誤，就會造成答非所問，即使你的答案再詳細，解釋得再清楚也毫無意義。好比射箭一樣，無論你的箭有多麼的漂亮，只有射中箭靶才能得分，否則，一旦脫靶，再漂亮的箭又有什麼用呢？

3. 做到一半被難住的題目要果斷放棄

有的題目乍看非常容易，很多同學就連題目都沒有仔細看就急急忙忙提筆作答，這樣很容易發生做到一半才發現做不下去的情況。要避免這種情況的發生，最重要的是要先認真看題，弄清題目的難易。如果實在不幸遇到這種情況，你一定要果斷的暫時放棄，趕快去做其他的試題，等到把自己會做的題目都做完了之後，再回過頭來解決這些難題。

其實，在考試中，並沒有規定非要從第一題開始解答不可，所以建議你在考試中優先完成以下三種類型的題目：

1.又簡單又短的題目。

2.以前做過的題目。

3.自己覺得容易回答的題目。

而那些困難的、一時想不出答案和解法的難題，一定要留到最後才去解決。

從時間上的分配來說，容易的題目必須在考試的前半一段時間內完成，然後利用剩下來的時間，你就可以放心地去跟這些難題較勁了，這樣才能盡可能多爭取更高的分數，爭取考得滿分。

4.臨時想不起來的時候就繞個彎

「真氣人，那個字的寫法是……唉！明明考前還刻意看過，偏偏這時候怎麼也想不起來了呢？怎麼辦？」這種情形是考場常見的現象。

遇到臨時想不起來的問題時，不要把注意力集中在解題的目標上，一定要記著改個道，繞個彎，從跟題目有關的知識點開始回想。這種繞個彎的方式，往往會使你在一刹那間找到你在苦苦搜尋的答案，真可謂是「山窮水盡疑無路，柳暗花明又一村」！

比如，你忘了平行四邊形的面積公式，就想，長方形的面積公式是什麼呢？是長乘以寬。那麼，如果能把平行四邊形變成長方形不就簡單了嗎？然後，你還可以想到課本上是如何推導出平行四邊形的面積公式的。這樣窮追不捨地進行下去，平

行四邊形的面積公式就自然而然地顯現在你腦海中了。值得
注意的是，要使這個方法成功，在平時的學習中就要注意把
相關的知識點縱橫交錯，構成一張牢不可破的知識網，只要
一想起「這個」，就能自然而然地想起「那個」了。

5.碰到完全看不懂的應用題要鎮定

如果在考試中碰到完全看不懂的應用題，你千萬不要洩
氣，或緊張得焦頭爛額。記住，越是這個時候，就越是需要
你保持鎮定，千萬不要慌亂。只有這樣你才能有機會找到這
個應用題的突破點。

其實，客觀來說，小學程度的試題，幾乎不可能出現
「從來沒見過，從來沒聽過」的題目。當然，有些題目你可
能確實未曾看過，但類似的題目你應該是曾經看過的，而
且，跟那個題目相關的基本知識點，一定也是曾經在教科書
上出現過的。所以，碰到這種完全看不懂的應用題時，你首
先要冷靜下來想一想：「這道題和我們已經學過的哪一個知
識點有關係？我是否曾在其他地方看過或者做過類似的題
目？」

最好的解決方法是平時背熟教科書的目錄，在考場上遇
到這種情況就在腦海裡把目錄一一地進行回憶，從中尋找出

解題的方法。

　　要是實在想不起來的話也不要緊，因爲你已經把其他的題全做完了，而剩下的這一道題連你都解答不出來，其他的同學還有幾個人能答得出來呢？反正要丟分的話大家一起扣嘛，至少是大多數同學一起扣分的。關鍵是你必須要記住這道題，以後再碰到類似的試題時就應該不會難倒你了。

6.難題其實並不難

　　每個學科的考試，爲了檢測同學們的綜合學習能力，都設置一定數量的難題。其實所謂的難題，只不過是綜合性較強的題目而已，著重於檢測你的綜合分析能力，以及對知識靈活運用的熟練程度。

　　難題也是由基本知識組成，解難題的前提是不被難題嚇倒，一定要勇敢面對，找出難點，找出基本知識點的內在關聯。難題也並不是處處都難，畢竟，再難的題目也不會超出教學大綱的範圍，只要你平時把教材的內容熟讀了，難題對別人來說可能算難，但對你來說眞的算不了什麼。只要認眞分析題目類型，精心推算，就能化難爲易，看似很難的題目，其實就是平時做過的題目，只不過是「表異裡同」，命題老師只是把一些簡單的知識綜合在一起而已。只要瞭解了題目的條件、隱

含的資訊，理清各種條件的關聯及與所求結果的制約關係，就能把大題、難題分解做出來。

　　根據試卷編排的原則，難題通常都放在最後，這就是所謂的「壓軸題」。近年來為了減少考生在整個大題（難題）上扣分，出現了把部分難點分散到其他題目上的做法，因而，有時填空題、選擇題也會出現個別難題。

　　碰到難題時，最首要的是不要慌張，可以閉上眼睛，連續做三次深呼吸，心中這樣想：「難題雖難，只要沉著應對，也是可以攻克的」、「既然是難題，能攻克最好，不能攻克也是理所當然」、「我碰到難題別人也會碰到，可能我答得還比他們好呢！」等等。而且，面對一道難題，同學們並不是一點都不會解，而往往是在整個解題思路中的某一點上卡住了，沒有完全想通而已。如果自己就這樣一字也不寫，整個題目全部放棄，則是完全沒有答出自己懂的那部分，全部丟分實在可惜。況且，在試卷裡留下空白肯定是不明智的做法。退一步說，就算評分者準備送分數和打印象分時，他面對你那些空白處也就無可奈何了。所以，一定要填滿你的試卷，把解題過程中自己懂的部分利用一定的文字、符號、公式表示出來，盡可能在試卷上不留空白。這不僅僅是個解決難題的做法，更重要的是，這樣做可以反映出一個人在面臨困難時，所表現出來的堅忍不拔的心理素質。

7.做選擇題要盡量相信第一判斷

「唉，我第一次本來選對了，可是後來又改錯了。眞是氣人！」考試結束後，我們常常可以聽見這樣的抱怨。做選擇題時，我們常常會在兩個模稜兩可的選項中猶豫不決，往往是先選了A，後來一看，好像C更正確，於是又擦掉A，寫上C。結果等到考試成績一出來，才知道，原來自己最先選的A是對的，又白白扣了幾分，懊悔不已。

其實，根據心理學家的研究，當你看到一道題目，一揮筆就寫出的答案往往是正確的，因爲你的第一判斷基本上是根據平時累積的知識所做出的第一反應，通常來說是不會有錯的。而緊接著想起來的另一個答案，牽強附會的可能性則比較大，所以，不大可信。因此，在考試中，除非特別有把握，否則應該相信自己的第一判斷。

當然，要使自己的第一判斷非常正確，先決條件是：平時認眞學習、反覆練習、牢記正確的知識，使之習慣成自然。正像一句俗語所說的：「與其學習，不如習慣。」這正是考試獲取滿分的一大秘訣：知識要不斷複習——直到滾瓜爛熟爲止，否則你在考場上將很難發揮自己的威力。

8.試卷工整有助於增加分數

一張整潔、工整的試卷會給閱卷老師留下良好的印象，帶來好心情，這是事實。通常老師們都會認為，能把試卷寫得非常工整的學生，一定是一個態度認真的好學生。如果有做錯的題目，閱卷老師會不由自主地為這個學生辯護：他（她）一定是因為粗心才做錯的吧！自然而然扣分也會少一些。要知道，除了選擇題之外，還有很多計算題、應用題，試卷的工整與否會在很大程度上影響你的分數。

那麼，怎樣才能保持試卷的整潔呢？如果是應對數學考試，那就要求作答的時候不能操之過急，一提筆就往試卷上寫答案。你必須先弄清我們在上文中提到的三個注意點，即：1.解題所需的條件；2.需要解答的問題；3.對答案寫法的具體要求，然後再開始解答。

當然，作答也要講究效率，但效率來自於平時的努力。如果平時不夠努力，基礎不牢固，作答效率就會非常的低，你根本沒有時間考慮到試卷的整潔問題，只有作答效率提高了，你才能保持試卷的整潔。

9. 試題做完之後一定要檢查

有些同學在考試的時候，用很快的速度做完試題，然後就只能在桌上徒手胡亂畫畫，或是抬頭看著天花板，猛打哈

欠，一副迫不及待想要離開教室的模樣，有的則是東張西望，影響別的同學正常的答題思維。對於這樣的同學，我們暫且稱他們為「快速派」。

「快速派」們看似準備充分、作答迅速、一副胸有成竹的樣子，其實所取得的成績往往不高，因為他們在急急忙忙中犯下了很多不該犯的錯誤，而在交卷之前又沒有做檢查，白白扣了很多分數。

其實，真正的考試高手是不會在別人面前逞強的，所謂「真人不露相」，他們知道作答速度快慢不能代表什麼，真正能夠說明問題的是，你在考試中所取得的成績。而要取得好成績的秘訣除了平時要把功夫練到家之外，還需要消除試卷上大大小小的失誤。所以，試題做完之後，一定要記得從頭到尾檢查一次，檢查的真正意義並非重新做一遍考題，而是著重看那些較為複雜的和自己覺得有可能出錯的題目，主要應該注意以下幾個方面：

1.問題的意思理解得對不對。

2.對題目中的已知事項的運用是否有誤。

3.有沒有用正確的方式將答案寫在正確的地方。

4.答案是不是「答其所問」、有沒有偏差。

5.答案中有沒有出現錯別字。

6.計算的過程有沒有出現失誤。

根據以上這些原則，在時間許可下，不斷地反覆檢查答案，發現錯誤就立即改過來，沒有錯誤當然更好。這樣你就可以放一百個心了，而且當你養成這種習慣之後，會使你在今後的生活和學習中盡可能地減少一些不必要的失誤。你的人生也會因此而變得更加陽光燦爛。

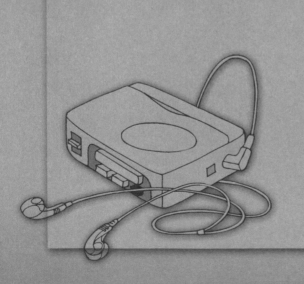

第三章
因「科」制宜的學習方法

1 國語學習術

　　為什麼一定要學好國語？答案很簡單，身為中國人，就一定要學好中文，學好自己國家的語言。更為重要的是，學好國語能夠提高你的綜合素質。包括你的語言表達能力、口才交際能力、辯論能力以及書面表達能力等等。看看我們所崇拜和敬仰的那些偉人，有哪一個不是語文高手呢？他們成長的經歷就是我們學習的榜樣。

高手學習法

1. 利用歌謠學習中文注音

　　中文注音的學習是國語學習中必須要過的第一關。同學們在初學注音符號時往往會感到枯燥乏味。因此一定要注意方法，力求生動、活潑。利用一些形象有趣的歌謠學習中文注音是一個不錯的方法。

　　通過編寫歌謠來學習、記憶中文注音，是一個非常有趣而

且記得非常牢固的學習方法。

2. 巧記中文字

學習國語最基礎的就是要掌握一定數量的中文字，學好中文字也是我們在成長過程中必須要掌握的一項技能。

前面我們所介紹的中文注音是我們識字的根本途徑，也是學習中文字的基礎。但中文字數量大，記起來很困難，再加上有一些字又容易混淆，比如有許多形近字、音近字，尤其對小學生來說更容易混淆，所以掌握一些記憶中文字的技巧和方法，對學習中文字將會有很大的幫助。

對於那些筆畫複雜、難記易錯的字，同學們可以將它們編成形象生動、有趣味的字謎。動動腦筋編一些字謎，就可把字形記住，用的時候想起字謎，就不易寫錯。一些字謎常使我們百思不得其解，但被老師或同學點撥和說破，就會牢牢記住。例如，要記「喊」字，可以編出一個字謎：加一半，減一半（左邊──「加」字一半，右邊──「減」字一半）。這樣，一下子就記住了三個字。

對於一些容易搞錯、容易混淆的字，同學們可以編成歌謠，唸起來朗朗上口，妙趣橫生，便於記憶。例如：點「戍」

橫「戌」空中「戊」，二十──「戒」，十──「戎」。一首歌謠就解決了五個形近字的區別記憶。

有些合體字筆畫複雜、難記易錯，這時就可以將它們分拆成幾個部分，化難為易，變得比較好記。例如：贏──亡口月貝凡，掰──手分手。

此外，有不少中文字形體相近，它們加一筆或者減一筆，就變成了另外一個字。同學們只要記住了這些加減變化，也就記住了這些字的細微差別，用時可避免混淆。例如：免字加一點變成兔字；幻字加一撇變成幼字；折字加一點變成拆字等等。

中文字中有大量形聲字，記起來容易，但寫起來容易出錯、寫不正確，同學們可以按字音和字形特點，找出一般性的規律，加以區別，用時就不易寫錯。

當然，上述這些方法都只能是一些輔助性方法，同學們要真正正確掌握中文字，還是得多看、多寫、多用。

3. 建立錯字病歷卡

「這個字上次就寫錯了，這次怎麼又寫錯了呢？真是氣人。」常常聽見有同學看著老師剛批改的作業本唉聲嘆氣。對

於錯字，我們就眞的沒有辦法了嗎？試試這一招吧——爲錯字建立「病歷卡」。

　　每次老師發回的作業本、試卷，同學們都應該認眞細看，凡是有錯別字，就爲它建立一張病歷卡：寫下錯誤的原因、防止再次犯錯的辦法，然後把正確的字工工整整地寫在旁邊。一張一張病歷卡建好之後，把它們訂成一本小本子，經常拿出來看一看、寫一寫，這樣就可以有效地改正錯字了。

4. 運用多種方法正確理解語詞

　　如果讓你解釋「淺顯」這個詞彙，你會嗎？有的同學可能會認爲是「淺近明顯」；有的可能會認爲是「簡單明白，容易懂」；有的可能會認爲是「淺易，不深奧」；有的則可能會認爲是「形容字句、內容好懂，程度不深」。但事實上，這四個解釋都正確。你是不是困惑了：爲什麼同一個詞彙會一下子冒出來那麼多五花八門的解釋呢？讓我們一起來分析其中的原因吧！

　　「淺顯」這個詞彙拆成「淺」和「顯」兩個字，一個字一個字地解釋，答案就是「淺近明顯」；如果把這個詞看成一個整體，連在一起解釋，答案就是「簡單明白，容易

懂」；找出它的近義詞和反義詞，用近、反義詞說，答案就成了「淺易，不深奧」；要是根據詞彙在句子中所能發揮的作用來說它的意思，那麼又可以解釋為「形容字句、內容好懂，程度不深」。

可見，用不同的方法解釋同一個詞彙，就會出現不同的答案。但需要注意的是，我們選擇什麼方法解釋這些詞彙，應該根據該詞彙本身的特點以及對於解釋的不同要求來決定，關鍵是要正確地領會詞義。為此，一般來說，最好能夠先查一查字典，弄清詞義，免得犯了望文生義的毛病，同時還要注意，「詞不離句」，同一個詞彙在不同的句子裡，有時也會有不同的含意。

5. 積累詞語四法

比中文字更大一點的語言單位是詞彙，我們日常說話時多以詞彙為基本單位，而很少是單個中文字，一個詞彙量大的人往往口才和書面寫作的水準都較高。因此，擴大詞彙量對於我們來說很重要，也很有意義。同學們可以從以下幾方面著手，擴大自己的詞彙量。

1.積累課文中的詞彙。我們所學的課文都是專家們精心挑選的，裡面有許多模範、優秀的詞彙可供我們學習、累積。我

們在學習一個單元後，可把所學的詞彙收集整理一下，挑選最好的分門別類地收入詞彙卡中。這樣，複習課文和累積詞彙兩不誤。

2.在課外閱讀中累積詞彙。課外閱讀為我們提供了更廣闊的收集詞彙的天地，平時多讀一些健康有益的書籍，包括經典的童話、故事、詩歌和優秀的作文集，以及報章雜誌等，邊讀邊記錄，把課外書中優美、動人、富於時代感的詞彙堅持不斷地記錄下來，久而久之便可積少成多了。

3.利用工具書累積。《成語辭典》、《國語辭典》、《錯別字辭典》、《分類成語辭典》等工具書，平時經常翻看，在寫作和發言時自然可以「信手拈來」。

4.從大眾語言中累積詞彙。人們在日常生活中往往會有些新鮮、別緻、富有創造性的口頭語。這些語言是書本中難以找到的。因此，多留心人們的言談也是累積詞彙的一個好方法，將這樣的語言應用於作文中，會使你的作文富於生活氣息和創造性。

6. 領悟句子含義的四個步驟

一個句子看起來簡單，但有時候要理解透徹並不容易。其實，理解句意還是有規律可循的，用一個「公式」來表達

就是：讀+解+聯+想=理解句意。換句話說，理解句意應該分四個步驟：

第一步：讀。拿到句子先完整地讀上兩三遍，對句子有個整體的把握。

第二步：解。找出句子裡的重點詞彙，這往往也是體現作者思想感情的詞彙，查字典或聯繫上下文，弄懂重點詞彙的意思，再想一想作者為什麼用這個詞彙。

第三步：聯。「詞不離句，句不離文。」把重點詞彙的意思帶進句子中，再聯繫上下文的意思看一看。

第四步：想。這一步就可以想想整個句子的意思了。

舉個例子來說吧！比如我們要理解：「星光在我們的肉眼裡雖然微小，然而它使我們覺得光明無處不在。」這句話。第一步，先讀，在讀的時候可以找出重點詞彙：「微小」、「無處不在」。「微小」是指星星十分渺小，「無處不在」是指星星在夜空中到處都有，沒有一個地方不存在。然後再把這個意思帶進句子，聯繫上下文，整個句子的涵義就清楚了：星星離我們很遙遠，用肉眼看到的星星的亮光確實很微弱，然而千千萬萬顆星星佈滿夜空，使我們覺得周圍依然充滿了光明。

當然，這個方法說起來似乎很簡單，但要熟練地使用，還

需要同學們不斷地加以練習。

7. 理解文章主題的四種方法

主題是一篇文章的靈魂。能否正確理解文章主題是一名學生閱讀能力的重要評價標準，也是檢驗學生是否讀懂文章的主要標誌。要正確理解文章主題，就得掌握一定的方法。

題目是文章的眼睛，有時是文章主題的高度概括。有許多文章，一看題目就知道它的主題。如《馬可‧波羅遊中國》這篇課文，從題目中我們知道課文闡述的事情是圍繞「炸」展開的，表現了馬可‧波羅的「冒險」精神。文章的主題就從題目中體現出來了。

有的文章開門見山，開頭總起全文，直接了當地點明了主題。所以，看開頭也是理解文章主題的一種方法。例如《詹天佑》這篇課文以「詹天佑是傑出的愛國工程師……」這句話身為開頭，而文章中的主題正是表現詹天佑的「傑出」和「愛國」。

另外，透過文章中的重點段落和關鍵字句，我們也可以把握住文章的主題。文章的重點段落是表現主題的重點部分。另外，文章裡的語句，有的帶有讚許、肯定、喜愛、擁護的意味；有的帶有貶斥、否定、厭惡的意味。我們應反覆

玩味，理解文章的主題。

8. 正確預習小學國語課程

有時間盡量「向前學」是優秀學生們的經驗之談，也是使同學們能夠自主學習的有效辦法。那麼，怎樣才能做好預習呢？

首先，要靈活安排預習時間。預習時間要在遵循整體學習計畫的前提下靈活安排。要根據每天空餘時間的多少、各科知識的難易程度和掌握情況，決定預習所花的時間。如果空餘時間少，要先預習重點和難處；空餘時間多則可研究得深入一點。

其次，預習要持之以恆。學習水準是一個逐步提高的過程，不可能透過幾天的努力就會見效的。只有逐漸培養良好的預習習慣並堅持不懈地進行到底，才能為掌握知識、提高水準奠定堅實的基礎。

最後，還要掌握正確的預習方法。小學國語教學的重點是培養學生的閱讀能力、分析能力、思考能力、善於質疑問題等能力。因此，大家的預習也必須緊緊圍繞這一重點進行。先要針對預習內容進行一次整體閱讀。從頭到尾認真看一遍，掃除字詞障礙，在讀書過程中遇到的重點、難處、疑點要逐一記錄

下來，接下來就是重點閱讀。在對文章內容有了一定瞭解後，要抓住重點段落、疑難部分反覆閱讀思考、領會。然後就應該整理預習心得。

預習時要注意做筆記，寫出心得體會，這樣帶著問題聽講，學習效果會更好。最後，如果有時間的話，最好嘗試做一些練習。利用已學知識有選擇地做一些練習，這樣就可以更好地檢測預習效果。

9. 背誦課文的絕招

學國語就要博聞廣記，然而，背誦課文卻是令同學們感到頭痛的事情。試試下面幾種辦法，只要掌握其中一種，你一定會省力很多。

方法一：嘗試回憶法

當你誦讀課文到一定程度後，就可以合上書本試背。背完後立即與原文對照，這樣能使自己在對照中發生興趣，隨著你背誦的正確率一次次提高，大腦皮層活動的積極性也會越來越高，進而提高記憶效果。

方法二：「多通道」法

背誦時不僅要心想、口讀，還要手寫。手寫時，可以隨

心所欲地記下某些詞語。也就是「眼到」、「口到」、「手到」，這樣能使精神專注，特別是在學習勞累時，這種方法對幫助背誦很有效。

方法三：整體重複法

這種方法就是一遍又一遍，從頭到尾，反覆背誦。這種方法適合篇幅較短的課文，如背誦古詩，則較為實用。

方法四：化整為零法

先通讀課文，理解課文，再把課文分為幾個段落來背誦，採取各個擊破的方法，先分別背誦每一部分，最後連起來背誦整篇文章。這種方法適合篇幅較長的課文。

10. 輕輕鬆鬆背古詩

由於古今語言的差異，有不少同學對背誦古詩心存畏懼。其實，如果能認真背誦學過的古詩並反覆品味，那對我們欣賞作品和寫作將會有很大的幫助。如果你掌握了下面幾個好方法，將使你輕輕鬆鬆地背誦古詩。

方法一：想像圖畫

很多古詩都有很優美的意境，偶爾一兩句就能構成一幅圖

畫。背誦時，如果能隨著意境想像成一幅幅的「畫面」，那對記憶是很有幫助的。例如白居易的〈暮江吟〉：「一道殘陽鋪水中，半江瑟瑟半江紅。可憐九月初三夜，露似眞珠月似弓。」對於這首詩，我們就可以想像成兩幅畫：一是黃昏的沙灘上，一位老人身著古裝，翹首望著西邊將要落下的太陽。落日的餘暉映紅了天邊，江水一半是紅色，一半是碧綠色。另一幅是海藍的天空，繁星在閃爍，初升的彎月斜掛著。夜幕籠罩著大地，似乎很寂靜，只有露珠不時地閃動著點點亮光。有了這幅「圖」，我們就可以根據「圖」來記詩句。

方法二：重點字牽引

我們在背誦古詩時，往往會有一種情況，因為想不出詩句的第一個字而背不出全句。如果提起了這個字，句子也就順利背下去了。因此，我們把每首詩的第一個重點字記住，背完全詩也就不難了。此外，古詩很講究「押韻」，我們也可以根據「韻腳」，把每首詩的最後一個字做為背誦的提示，也是行之有效的。

方法三：見景生情法

如春遊荷花池塘時，就可聯想實際情景背誦楊萬里的〈小池〉：「泉眼無聲惜細流，樹陰照水愛晴柔。小荷才露

尖尖角，早有蜻蜓立上頭。」仔細觀察小池怎樣「惜細流」，「愛晴柔」的，進而品味「小荷才露尖尖角，早有蜻蜓立上頭」的精妙。許多古詩背誦都可以採用這種方法。只有身臨其境，才能深刻體會。

11. 透過閱讀學寫作

「書讀了不少，可是為什麼作文還是寫不好呢？」這是很多學生感到鬱悶的地方。其實，關鍵是因為大多數學生不知道應該怎樣透過閱讀來學習寫作。如果你能夠學到下面這幾招，寫作文對你來說當然就沒什麼問題了。

1.從閱讀中學習作者的觀察方法

從閱讀中學習觀察方法主要學習三個方面，即觀察順序、觀察重點、觀察的具體方法。前兩方面比較容易明白，比如課文〈翠鳥〉和〈壁虎〉，都是寫小動物的，其中都有對動物形象的描寫。從描寫中可以看出，寫〈翠鳥〉的作者是先從翠鳥的羽毛觀察起，然後到體形、眼睛和嘴。寫壁虎的作者是先從壁虎的腳觀察起，然後到頭、嘴、眼睛、尾巴，最後到壁虎身上的鱗。第三個方面——觀察的具體方法，主要指作者是透過哪些具體的方法進行觀察的。每一篇文章，內容不同，寫作方法不同，從中所表現出來的觀察方法也不同。即使是內容相近

的文章，作者所用的觀察方法也不一樣。要注意仔細區別。

2.從閱讀中學習作者的選擇題材和組織題的方法

不管是哪種體裁和哪種類型的優秀文章，只要同學們認真讀過幾遍以後，就能抓住這篇文章的主要內容和中心思想，其原因就是作者能緊扣中心選材，重點突出。在閱讀中，同學們的腦海裡要多打幾個問號：「作者為什麼要選擇這些題材來寫？」、「這些題材與文章的中心思想有什麼關係？」等等，從中體會到選材的方法。

至於組織題材的方法，同學們在閱讀中主要學習以下三點：

一、表達順序。課文中出現的有三種表達順序，即順敘、倒敘、插敘。

二、材料的詳略。閱讀一篇文章時要動腦筋想一想作者為什麼這部分寫得詳細，那部分寫得簡單，從中得到啟發。

三、開頭與結尾。同學們學習的課文，開頭與結尾的方法很多，如開頭有就事情發生的時間開頭、有總起句開頭、還有用事情的結果開頭等。結尾有自然性結尾、有發表議論或抒情結尾、有點明中心結尾等。閱讀時要動腦筋想一想作者為什麼用這種形式開頭或結尾？有什麼好處？經常進行這

樣的思考，自然就能學會組織題材的辦法。

3.從閱讀中學習作者遣詞用句的方法

閱讀時除了學習作者的觀察、選材和組材的方法外，還要學習作者是怎樣運用準確、豐富的詞彙和精鍊、完整的句子來表達中心思想的，這一點非常重要。對於一篇作文來說，語言猶如外衣，只有漂亮、精鍊的語言才能吸引人，才能達到預想的表達效果。

12. 重視練習，寫好作文

中國古代有一個笑話：一個北方人，來到南方，他向住在江邊的人請教游泳方法。住在江邊的人，便把自己游泳的經驗說給他聽。北方人聽完之後，很高興，以為自己也可以在江水裡游泳了，就撲通跳下水去，結果再也沒有起來。那個住在江邊的南方人，是經過長期的訓練，才練就了一身游泳的好本領，北方人怎麼能自以為聽人家說了一遍游泳方法就可以掌握水性呢？用宋朝文學家蘇軾的說法就是，像這樣的北方人，「未有不溺者也」。

我們的學生中也有一些像那個學游泳的北方人一樣，不注重勤奮練習，總是要求老師多講點寫作方法，以為背會一些寫作方法，作文就能一下子寫好。俗話說：「拳不離手，曲不離

口。」只有多練才能「熟」，只有「熟」才能生巧，只有在反覆的訓練過程中，才能獲得熟練的技能與技巧，作文又何嘗不是這個道理呢？如果認爲只要把寫作方法背下來了，就可以不費吹灰之力地寫一篇出色的文章，那是不可能的，因爲你違反了寫作規則與學習定律。

那麼，怎樣練習呢？我們認爲身爲小學生，主要應該從以下幾個方面去做：

首先要認眞上好作文課。一個學期，通常要寫十二、三篇大小作文。這是老師根據教學大綱的要求，從教材實際出發，從同學提高寫作能力的需要出發，制訂的教學計畫。每一次作文，老師都提出明確的要求，進行具體的指導，還要仔細地批改評語，透過作文課有計畫、有目的地提高同學們的寫作能力。因此，同學們要認眞上好作文課，寫好每一篇作文。寫作文前，專心聽老師指導，根據作文的需要，準備題材，編寫提綱；寫完作文，要讀幾遍，推敲錘鍊；作文發下來以後，根據老師的評語，認眞修改，即時總結每一篇作文的經驗與教訓。可以說，這是同學們提高寫作能力的重要途徑。

但是，一個學期寫十二、三篇作文，不能算多。要眞正提高寫作水準，僅僅靠課內的寫作文，顯然是不夠的，這就

需要大家積極開展課外的練習活動。課外練習，是寫好作文的有效辦法。其方法為：

第一，內容不限，可以寫平常生活中的所見、所聞、所感。

第二，形式不拘，記敘文、議論文、說明文，都可以寫。

第三，篇幅長短自由。

第四，可以不受時間限制，隨時隨地，有空就寫，靈活機動。

這樣的練習，如能每週進行兩三次，一個學期，便可寫四、五十篇，只要堅持下去，對提高寫作，可以收到明顯的效果。

此外，大家還要重視那些「不是作文的作文」。例如，各科作業中的問答題，不要滿足於寫幾條死板板的要點，答對即可，如果時間允許，請盡量寫成一篇有頭有尾、層次清楚、中心明確的短文；對於平時學習、思想的總結，也不要寥寥數語，應付交差，最好是像寫作文那樣，編一個提綱，有了清晰的思想，再運筆行文；聽完一個報告或演講，也不要聽完就了事，最好把記錄整理成文並工整地重抄一遍；哪怕是寫信、寫假條，也應該像寫作文那樣，寫完之後，讀幾遍，認真修改一

下。同學們如能一絲不苟地對待那些「不是作文的作文」又能獲得多少練習的機會啊！就以每週兩三次計算，加上課內的作文，以及課外的練習，一學期可寫大小作文一百多篇，這個數字是很可觀的啊！

所以，同學們一定要抓住每一個練習的機會，這樣才能寫出好作文。

13. 生動、具體是作文的第一要求

小學生剛剛開始學寫作文，最容易犯的毛病就是內容空洞、不具體，往往剛提筆寫了幾句話之後就再也寫不下去了，因為要說的話已經在短短幾句裡說完了。

要解決這個問題也不難，最首要的是要做生活的有心人，要仔細觀察，處處留心周圍的人和事。因為你要寫作就必須掌握一些生活的活素材，只有掌握了豐富的題材，寫作文時才能頭頭是道。

另外，想要把作文寫得具體，下面這些方法是你必須要掌握的：

方法一：把概括性的語詞換成具體的描寫

例如，我們要寫「天氣熱極了」，可以不用「熱極了」

這類語詞，而是把「熱極了」的具體情景寫出來：「三伏天的一個中午，天上沒有一絲雲，也沒有一點風。太陽像一盆火似地烤著大地，柏油馬路都被烤軟了。樹葉縮了，垂著頭，知了在樹幹上喊：『渴啊！渴啊……』，狗躲在樹蔭下，伸著舌頭直喘粗氣。」這段話中沒有一個「熱」字，卻把「熱極了」寫得非常具體。

方法二：運用擴寫法

例如，「我的表弟長得十分可愛。」這句話可以進一步從各方面進行擴寫，變成「我的表弟長得十分可愛。淡淡的眉毛下，一雙大眼睛又圓又亮，還帶著幾分俏皮的神情，筆挺的小鼻樑透著靈氣，紅紅的嘴唇咧開一笑，露出一口雪白又整齊的細牙。」這句話從眼睛、鼻子、嘴唇、牙齒等各方面的描寫對「我的表弟長得十分可愛」進行了擴寫，變得更加具體。

方法三：給簡單的話「添枝加葉」

如果一個句子有了正確的主詞、動詞、受詞，那麼這就是一個完整的句子了。但是，想要使這個句子更加生動、具體，就必須「添枝加葉」。例如「一隻小狗跑了過來」這句話簡簡單單，經過一番「添枝加葉」，便擴充成這段話：「一隻黑白斑點的小狗歡愉地搖著尾巴，對著我跑了過來。」

方法四：運用多種修辭手法

例如，「草地上有很多野花。」這句話可以採用比喻、排比等修辭手法來加以擴充：「碧綠的草地上盛開著五顏六色的野花，紅的像火，粉的像霞，白的像雲，黃的像金，爭奇鬥豔，好看極了。」這樣一改，句子就生動、具體多了。

方法五：用具體的數字代替籠統的介紹

例如，簡簡單單一句「太陽離我們很遠。」給人的感覺就很抽象、很模糊。這時，可以用數字來進行具體的說明：「太陽離我們有三萬萬里遠。想到太陽上，如果步行，日夜不停地走，差不多要走三千五百年；就是坐飛機，也要二十幾年。」這樣，太陽離我們究竟有多遠就很明白了。

14. 好作文是改出來的

很多寫作高手都有過這樣的經驗，那就是文章寫完之後一定不要忘了修改。一篇文章寫好後，你把它放在抽屜裡，過幾天看一看，讀一讀，立刻會發現它的不妥之處，用詞不夠妥當，結構還要重新調整，有幾個錯別字等等。於是把它重新審視一遍，修改一回。一看，果然好多了。然後，再把它放到一旁。過幾天，再讀一遍，又會發覺新的問題，於是，再一次進行修改。就這樣，一再更改，文章就越來越完

美了。

　　但是，對小學生來說，大多數的作文是在課堂上完成的，兩節課的作文時間一到，就得停筆，根本不會有太多時間供你慢慢地思考和修改。那麼，對於這一類作文，我們就要盡量地學會打腹稿，也就是在動手寫一篇作文之前，先在腦海裡把這篇作文的結構、篇幅、大約怎樣開頭、大概怎樣結尾，用三、五分鐘的時間想妥當之後，再開始動筆。落筆就把作文基本寫妥，等到全部作文寫好後，不再做太多的修改，只是動幾個不太妥當的文字，找幾個寫錯的語詞，即告結束。眞正會「打腹稿」的同學，實際上已經在打腹稿的時候把作文在自己的頭腦裡寫好了，所以，筆頭的功夫只是把作文從大腦裡挖出來，用文字記錄下來而已。這樣寫出來的作文，當然就不會有太多的變動，而寫作結束後也就不必要做太多的修改了。

　　當然，「台上一分鐘，台下十年功」。眞正高明的「打腹稿」的功夫都是靠著平時的勤奮寫作、修改、練習得來的。

15. 生活中處處可以學國語

　　國語是一門基礎學科，同時也是一門綜合學科。因為，中文是我們的母語，可以說，國語的學習貫穿了我們全部的生活。還因為，國語學科與其他學科的最大區別在於，其他學科

關注的是「說了些什麼」，而國語學科最關注的卻是「怎麼說」，先立足於表達的形式，然後再去把握「說什麼」。

同學們從小學開始就應該建立語言表達形式的意識，關注語言的運用，從一個個標點、一個個詞語、一個個句子開始構建屬於自己的言語世界。

例如，我們口中哼唱的流行歌詞、電視裡耳濡目染的廣告詞、生活中人們口中不時說出的絕妙好詞、網路BBS上人們率性的發言……如果仔細琢磨琢磨，你會發現其中有些詞句是非常耐人尋味的，它們所用的語言、句式、修辭手法，如果我們能夠靈活地加以借鏡，一定會為我們的作文增色不少。

只要你能做生活的有心人，並長期不懈地堅持下去，必定能累積豐富的語言，培養出自己良好的語感，進而具備優秀的國語素養、人文素養以及良好的綜合素質。

16. 經常朗誦好處多

經常朗誦有很多好處，它可以提高同學們對文字的理解能力，還可以提高語言表達能力。同時，由於透過朗誦能接觸到許多文學作品，因此同學們還能在美的享受中提高鑑賞

能力和藝術修養。想要學好國語，就必須練好朗誦的基本功。默讀、瀏覽只是學習國語的一種方法，但這種方法只是學習過程中的一種初級階段，真正要達到高效率的學習國語，是必須要經過朗誦的。具體的說法就是，默讀、瀏覽只是作者在說、你在聽，如此而已；而朗誦則是你不但在聽，而且你還在和作者進行溝通、交流。只有把兩者結合起來，你才能真正地把國語學好。

那麼，應該怎樣練習朗誦呢？

第一，要大聲。朗誦是一門語言藝術，「朗」是聲音明亮清晰的意思；「誦」是唸得很流暢的意思。聲音大，可以使我們的耳膜受到較強的刺激，再加上視覺的高度集中，就可以在大腦中留下深刻的印象。同時還可以培養清晰的口頭表達能力。

第二，要讀正確。朗誦要用國語，讀音要標準，咬字要清晰、圓潤，字正腔圓。比如：「我倆」的倆（ㄌㄧㄚˇ）和「兩顆」的兩（ㄌㄧㄤˇ）就不要讀混。又如：「衝在最前面」的衝（ㄔㄨㄥ）和「小麗衝我嚷」的衝（ㄔㄨㄥˋ）也不能讀錯。

第三，要讀得自然、生動。朗誦是一門語言藝術，要掌握和運用好音調的高低、音量的大小、聲音的強弱、速度的快

慢，有對比、有變化，使整個朗誦如同一首優美的樂章。此外還得注意：語調的運用要自然，要符合作品內容的需要，切忌故作姿態、油腔滑調。另外，還要處理好句子裡的重音，透過對重音的掌握，可以正確表達出作品的思想內容。

第四，要配合肢體語言。眼睛是靈魂之窗。同學們在朗誦時，應注意眼神要配合語言，把豐富的、變化的感情傳達給聽眾。缺乏演出經驗的朗誦者往往由於緊張，有的望天、看地；有的盯著一個地方說半天，有的眼光飄忽不定。而有經驗的朗誦者，眼神好像電視螢幕，似乎能把具體形象一個接一個展現開來。手勢和眼神一起，可以配合語言傳達形象，抒發情感。手勢的運用要恰到好處，既不要僵硬，也不要隨意亂動。

17. 練好口才的三個絕招

學習一門語言最重要的目的在於應用，也就是說話的能力。說話不僅能夠使人與人之間進行正常的交流、溝通，而且能夠鞏固我們所學的字和詞。許多同學都羨慕別人的口才好，事實上，如果你按照我們這裡所教的三招去做，堅持練習，你也能擁有犀利的語言和「舌戰群儒」的氣魄。

第一招：複述和仿述

學完一篇課文或看完一個故事，先弄清課文或故事具體描述的部分和簡略描述的部分分別是什麼，然後盡量用自己的語言將其複述給父母或同學們聽，這樣既提高了說話能力，同時又訓練了理解力和記憶力。此外，學完一個句子，可以仿照其句式再口頭造幾個句子出來。

第二招：按順序說話

每天晚上，把自己當天經歷過的事，按「先……再……然後……最後……」的句式，一一敘述給父母或小朋友們聽，一定要說出完整的過程。另外，還可以向父母描述你們的教室、校園，在描述過程中運用「前、後、左、右、上、下、中間、南、北、東、西」等表示方位的詞，盡量要表述清楚。前一種敘述是按時間順序，後一種敘述是按空間順序。這樣可以漸漸培養你說話的條理性。同時，在敘述的過程中，要盡量做到繪聲繪色、生動有趣。

第三招：勇於發表意見

飯桌上，父母往往會聊一些工作上的、社會上的事情，隨著同學們年齡的增長，自然也能聽懂不少。這時，你可以參與父母的聊天，有時候如果和他們意見不一，還可以大家一起辯論一番。每次和爸爸媽媽一起外出，如果有所見聞，你也可以

告訴爸爸媽媽，而且爭取讓他們聽清楚、弄明白，並請爸爸媽媽評論你的觀點。只要長期堅持，你的說話能力就在「實戰」中得到了訓練和增強。

18. 學會從話語中聽出弦外之音

有一個故事：戰國時鄒忌當了齊國的丞相。淳于髡（ㄎㄨㄣ）心裡很不服氣，就帶了幾個學生來見鄒忌。淳于髡大搖大擺地坐在上位，他問鄒忌：「做兒子的不離開母親，做妻子的不離開丈夫，對不對？」鄒忌說：「對。我做臣子的不敢離開君主。」淳于髡說：「車轍轆是圓的，水是往下流的，是不是？」鄒忌說：「是。方的不能轉動，河水不能倒流。我不敢不順應民情，不敢不親近萬民。」淳于髡說：「貂皮破了，不能用狗皮去補，對不對？」鄒忌說：「對。我絕不能讓小人佔據高位。」淳于髡說：「造車必須算準尺寸，彈琴必須訂準高低，對不對？」鄒忌說：「對。我一定注意法令，整頓紀律。」淳于髡聽了這些回答，站起來恭恭敬敬地向鄒忌行了個禮就告辭了。同來的學生問：「老師剛來見丞相時，是那麼神氣，怎麼臨走時倒向他行起禮來了？」淳于髡說：「我是去找他猜謎語的，想不到我才提了個頭，他就順口接了下去，他的才幹確實不小啊，對這樣的

人我怎麼能不行禮呢？」

　　在這場談話中，淳于髡提了那麼多稀奇古怪的問題，鄒忌為什麼都能對答如流呢？這是因為他善於聽話，善於從對方問話的表面意思裡，聽出問話的真意。人們在交往過程中，有時候出於某種需要，不把要說的意思直接說出來，而是採用諷喻、雙關、反語等修辭方法，含蓄地把意思表達出來，讓聽話人自己去琢磨、品味。因此，我們在聽話的時候，要善於從別人的談話裡聽出言外之意、弦外之音。

數學學習術

　　數學是學好一切科學的基礎，同時，由於數學是一門非常系統、嚴謹的學科，因此，學習數學的過程也就是我們的思維得到邏輯訓練的過程。

　　在我們的日常生活中，處處都離不開數學，買東西要計算價錢，住屋要知道面積，就連走路都要計算最短距離。可見，在我們的生活中是絕對不能離開數學的。

　　小學的數學學習雖然都是一些基礎知識。但正所謂「萬丈高樓平地起」，只有打好了小學的數學基礎，我們才有辦法學習今後更高深的科學技術，才能真正成為國家的棟樑之材。

 高手學習法

1.兩個讓你學好數學的習慣

不管學習什麼科目，養成良好的學習習慣是取得好成績的前提，尤其是小學生，同學們都具有極強的可塑性，更應該重視培養自己良好的學習習慣。而想要學好數學，下面這兩個習慣是你必須要養成的：

1.質疑問題的習慣

從小學低年級開始，就要注意養成不懂就問的良好習慣。往往低年級同學還比較大膽，勇於發問，到了中高年級，有的同學由於害羞、怕出錯等心理上的原因，不敢發問。對此，關鍵是要使自己樹立學習的信心，以及勇於面對錯誤的精神。要知道，錯誤也是你成長的機會，當你答題出現錯誤時，你的印象就會非常的深刻，經老師當著很多同學的面改正過來之後，正確的答案就會銘記於心。有的同學不敢發問，也不敢回答老師提出的問題，他當然不會出現什麼錯誤了，但一天下來他能學到什麼呢？他知道自己不足的地方在哪裡嗎？連自己都不瞭解自己，他又怎麼能夠進步呢？

而且，往往愛發問的同學都是經過了自己的思考，老師是很喜歡這樣的學生的。

有的同學在學習過程中沒有問題可問，好像什麼都會，但考試時又錯誤百出，這實際上是沒有學懂，而且不會發問。這就要透過經常訓練自己，慢慢地就能從無疑到有疑，從不會發

問到會發問。比如,在預習中閱讀課本時,把有疑問的地方畫出來,留待以後向老師請教或者與同學討論,特別是對書上的新課敘述部分,要逐字逐句細看深究,哪怕對一個詞產生疑問也要提出來。在聽課的過程中,遇到不懂之處可以馬上舉手發問,也可以記在筆記本上,等下課後再問老師。而且,發問的對象並不僅限於老師,也可以是班上成績比較好的同學,大家一起討論,更能加深對問題的理解。

2.正確表達的習慣

數學是一門邏輯嚴密的學科,因此,要學好數學,一定要養成準確表達的習慣。

從口頭表達來說,低年級的學生要嚴格要求自己運用學過的數學語言來敘述學習中碰到的圖表的含意,複述題目的內容,說明計算過程,並在課堂上爭取多回答問題,逐漸學會用數學語言完整、正確、清晰地表達自己的思想。高年級的學生則要做到有根有據、有條有理地說明推理,分析數量關係,理由充足地與老師、同學討論數學問題,並能隨時糾正別人不正確、不嚴密的數學語言。

從書面表達來說,同學們一定要認真對待數學作業和考試,解題過程一定要每一步都具體、明確、正確、完整,每一步都要有根據,不要憑空猜測。另外,數學符號的書寫要

規範。

　　當然，這些好習慣的養成並非一日之功，一定要持之以恆才行。

2.掌握正確的數學思維方法

　　數學是一門邏輯性很強的學科，要學好數學，首先要掌握正確的數學思維方法。

1.舉一反三法

　　課本中的例題，往往是最普通、最有代表性和最能說明問題的題目，突出了教材的重點，反映了對於知識掌握最主要、最基本的要求。我們在對例題進行分析和解答後，應注意發揮例題以點帶面的功能，在例題的基礎上進一步變化，可以嘗試從條件不變問題變和問題不變條件變兩個角度來變換例題，以達到舉一反三的目的。學會了舉一反三的方法，有利於加深對知識的理解和靈活運用。

2.一題多解法

　　在平時作答的過程中，不應僅滿足於掌握一種方法，而是要多想想，這道題還有沒有其他方法能夠解答，也就是說，要盡量「一題多解」。在數學學習中，力求一題多解有助於培養

同學們沿著不同的途徑去思考問題的好習慣，由此可產生多種解題思路，同時，透過「一題多解」，我們還能找出新穎獨特的「最佳解法」。因此，在數學學習中必須注意題目解法的多樣性，要善於比較、尋找出最佳解法，以達到優化解題思路的目的，同時也能讓你的思維更活躍。

3.比較歸類法

數學學習中，還有一個重要的思維方法，就是比較歸類法。對於相互關聯的概念，要從不同的角度進行比較，找出它們之間的相同點和不同點。例如，平行四邊形、長方形、正方形、梯形，它們都是四邊形，但又各有特點。在做數學習題的過程中，還可以將習題分類歸檔，並集中力量解決同類題中的本質問題，總結出解這類問題的方法和規律，進而使得練習可以少量而高效。

3.學會閱讀數學課本

有的同學認為，只有國語學習才需要閱讀。事實上，數學學習中同樣離不開閱讀。課本、題目等等，都需要閱讀。小學數學課本的閱讀可以按照以下步驟來進行：

1.粗讀

粗讀是從整體著眼，通讀教材，初步瞭解知識全貌，有順序地看課本上的插圖，瞭解這段內容要說明什麼問題、解決什麼問題，用到了哪些舊知識、引入了哪些新知識。小學低年級同學只需要做到這一步就足夠了。在粗讀的基礎上，再結合老師的講解和示範，就能很好地理解知識。

2.細讀

細讀是在粗讀的基礎上，進一步逐字逐句地細讀教材，研究定律、法則、公式、性質等是怎樣得出來的，分幾層意思，關鍵在哪裡，新知識與舊知識有些什麼關聯等。同學們在逐字逐句地細讀課本時，應盡量做到每讀一句就嘗試自己講出這句話的含意，並提出不同的問題，對於自己不能夠得到答案的問題要做特殊標記，以便聽課或討論時做為主要問題來研究。小學中年級的同學應該做到這一步。

3.精讀

精讀要求在第一步的粗讀和第二步的細讀之後，重新回到整體，帶著問題融會貫通地讀。這個問題可以是由同學們自己思考得出，也可以根據老師提示的知識結構和教材重點難處提出。帶著問題進行第三次研讀，更容易理解。在閱讀過程中，尤其要注意重點內容，難理解的地方要注意勾畫，認真推敲課本上的黑體字和方框中的內容，瞭解公式的推導過程，掌握線

段圖與應用題的關係，努力看懂各種圖表。這一步驟要求小學高年級的學生能夠完成。

4.數學概念學習四法

數學中的法則都是建立在一系列概念的基礎上的。事實證明，如果同學們有了正確、清晰、完整的數學概念，就有助於掌握基礎知識，提高運算和解題技能。相反，如果概念不清，就無法掌握定律、法則和公式。

小學數學中有很多概念，包括：數的概念、運算的概念、量與計量的概念、幾何形體的概念、比和比例的概念、方程式的概念，以及統計初步知識的有關概念等。這些概念是構成小學數學基礎知識的重要內容，它們是互相關聯的。例如，整數百以內的直式加法法則爲：「相同數位對齊，從個位加起，個位滿十，就向十位進一。」要理解、掌握這個法則，必須先弄清「數位」、「個位」、「十位」、「個位滿十」等的意義，否則就無法學習這一法則。

總之，小學數學是一門概念性很強的學科，也就是說，任何一部分內容的學習，都離不開概念的學習。但是概念的學習很抽象和枯燥，學習中可以透過以下四種方法來增強學習效果：

1.溫故法

孔子云：「溫故而知新。」心理學家的研究也顯示，概念的學習應該在已有的認知結構的基礎上進行。因此，在學習新概念之前，應該對已經學過的概念進行複習，條件允許的話，同學還應該在老師或父母的引導下對已學概念進行適當的引申，或者將相關的新舊概念進行類比，進而架起新、舊知識之間的橋樑。這樣對新概念的學習是很有幫助的。

2.聯想法

學習時，聯想實際生活中的例子、趣事或典故，可以具體而深刻地理解新概念。比如，學習正方體、長方體的概念時，我們可以聯想到樓房、書本、櫃子等形狀相似的事物。這樣，枯燥的概念變得生動、有趣，理解起來也就更加容易。

3.習題法

在學習完新的概念之後，選擇合適的題目進行練習，可以鞏固知識，還可以進一步加深理解。所謂「合適的題目」包括直接測驗概念的題目和那些需要進一步運用概念才能解答的題目。直接測驗概念的題目能最直接地鞏固所學概念，需要進一步運用概念才能解答的題目，則更能提高綜合理解運用的能力。

4.作圖法

這種方法主要適用於幾何概念。學完幾何概念之後，用直尺、三角板和圓規等作圖工具畫出已學過的圖形，並將自己畫出的圖形與概念逐字進行對照，看看是否完全符合。如有不符之處，再根據概念改過來。這樣可以有效地理解新概念的本質屬性。

學習新概念的方法很多，但彼此並不是孤立的，就是同一個內容的學習方法也沒有固定的模式，有時需要互相配合才能收到良好的效果。

5.怎樣學好小學幾何

幾何初步知識是小學數學學習中重要的基礎知識，學好幾何不僅能為以後的數學學習打下重要的基礎，也有助於培養同學們的空間觀念和空間想像力，以及數學思維能力和實際操作能力。

既然幾何學習如此重要，那麼，怎樣才能學好幾何呢？下面這些方法是同學們應該掌握的。

1.多觀察

小學所學的初步幾何知識基本上都比較直觀，因此，多

觀察是有助於學好幾何的。例如，要瞭解什麼叫「直線」，同學們可以透過觀察身邊的馬路，進而懂得直線的特徵是「直」、「無限長」；要瞭解什麼叫「射線」，同學們可以透過觀察手電筒射出的光線，進而懂得射線是從一點出發的；同學們還可以透過房間、櫃子等物體建立空間概念，懂得什麼叫「長方體」、「正方體」等等。

此外，當我們做幾何習題時，對圖形多多觀察也有助於正確解答的。

2.多動手

幾何初步知識往往需要透過動手來加深理解。比如，透過畫圖，我們可以對「透過一點可以有無數條直線」、「透過兩點只能有一條直線」等定律有更深的理解和更直觀的印象。

而且，平時，還可以用直尺或卷尺測量一下課桌的長度、書本的厚度、黑板的寬度，培養對幾何的感悟力。對於低年級同學來說，角的概念比直線等其他圖形理解起來更難，尤其是「角的大小決定於兩邊張開的大小，與邊的長短無關」這類概念，比較抽象，理解起來比較困難，同學們可以畫出不同邊長的角，然後用量角器量一量，看看它們的度數是否相同，這樣理解概念就容易多了。

3.多思考

在幾何學習中，常常會碰到既有相同特徵，又有不同之處的各種圖形，例如正方形、長方形和梯形、直線和射線等，因此，在學習中，同學們要多思考，進行分析和比較，注意找出各個不同圖形之間的異同。而且，對於一些公式、定律的實際推導應該深入思考，最好能自己從頭推導一遍，並用自己推導出來的公式進行計算，這樣，既學得有趣，也容易記得牢。

6.讀出「數學」高分

數學中的閱讀主要要求讀出層次、讀出邏輯，進而更好地理解概念和題目，在數學考試中獲取高分。

1.讀數學概念

具體做法是：粗讀，領略大致含意，明確本節內容；細讀，把概念的關鍵字句用不同符號畫下來加以分析，逐字逐句說出每句話的含意，尋找課文中定義、概念、推導公式、歸納法則的重要語句，認真領會；精讀，針對一些有代表性的問題進行第三次閱讀。

如正方體的表面積這一概念，首先粗讀，領略大致含

意；然後認真研讀題中文字，並結合圖形理解題意；最後，根據以下問題進行第三次精讀：

一、試著找一個或做一個正方體的盒子，看誰做得最符合規格。

二、量出正方體每一面的邊長，先計算一個面的面積，再試一試計算六個面的面積之和。

三、尋找六個面的面積之間的關係，啟動腦筋用最簡便的方法計算出六個面的面積總和。

2.讀計算題

比如一道四則運算題：$4.3-（1.2+6.6÷32×3）$，首先應該看懂題意，然後根據題目進行認真地分析：一看運算順序，二想運算法則，三看數與數之間的關聯，弄清應該先算什麼，後算什麼，根據什麼。最後寫出詳細的解題過程，進行認真地計算。做完題目之後，最好再想想還沒有其他演算法，哪種演算法最簡便，這有利於訓練思維。

3.讀應用題

具體做法是：首先，粗讀題目，領略大意，找出已知條件和問題；然後，仔細理解題中每句話的含意，還可進行聯想，可由此及彼尋找知識間（條件與條件，條件與問題）的內在關

聯，還可嘗試畫圖進行分析，最後，再對題目進行解答。

例如：一家書店五月份的銷售量是5000本圖書，六月份比五月份多賣出了1/4，六月份銷售圖書多少本？讀題之後就要能說出題意並聯想：把五月份銷售的圖書的本數看做「1」，六月份銷售的圖書本數相當於五月份的（1＋1/4），求六月份銷售圖書多少本？也就是求5000本的（1＋1/4）是多少。由此得出數量關係式：五月份銷售的書5000本×（1＋1/4）＝六月份銷售的書，並列式解答。

7. 數學練習「四步」走

做練習是為了加深對數學知識的理解，形成熟練的技能，發展思維。因此，在做數學練習時採取「四步」走的辦法是行之有效的，即：一讀、二找、三說、四算。

第一步：讀

不論什麼類型的題目，首先要認真讀題。讀題方式要多樣，可以默讀，也可以朗讀，計算題可以變換方法讀，如「95＋25」可讀成「95加上25」，「95與25的和是多少」，「比95大25的數是多少」。這樣就將計算的實際意義揭示出來了，對於文字題與應用題則要逐步做到讀有輕重緩急，關鍵字語重讀，易忽略的地方拉長聲讀。另外，對於有些敘述繁

瑣的題目，則要辨出主題，以明晰數量關係。

第二步：找

對於計算題來說，要找出計算順序、題目特徵；對於應用題來說，要找出已知條件與要求的問題。對於較為複雜的混合運算題，可以在運算符號下面標出計算順序；簡算題可在題目下面標出表示有關運算定律的字母；應用題的已知條件與要求的問題盡量做到用圖表表示出來，分數應用題、行程問題都要逐步訓練自己用線段圖表示出條件與問題，難以用圖表表示的題目則最好在已知條件與要求的問題下面畫出不同的線條。

第三步：說

說一說自己的解答步驟或解題思路，這是較為困難的一步，在進行中要注意兩點：

1.從易到難，先可選擇與所學例題大致相似的題目，模仿著說，然後再逐步加深難度，適當做些變化。

2.盡量多角度地思考問題，嘗試一題多解。

第四步：算

在計算結束後進行縱橫比較，找出題與題之間的異同點，與以前所學知識的區別與關聯；也可結合新課的預習想想所掌

握的知識對學習新課的作用；還可和同學一起討論各種計算方法的優劣，分析錯誤的原因。

8. 怎樣應對「題海」

我們在學習數學的過程中會遇到很多習題，有課堂練習題、課後習題、階段複習題、總複習題等等，再加上一些課外補充練習，數量巨大。當同學們面對這麼多題目，如果每道題都規規矩矩，一步一步地演算、書寫，往往會陷入「題海」中，浪費很多時間，而且學習效果也不好。下面介紹的幾種方法，如果你能夠掌握，就能幫助你提高學習效率，從容應對題海，不再被那些題海逼得暈頭轉向了。

1.心算法

仔細閱讀題目之後，在腦海裡分析一下，想想解題的方法，需要運用哪些公式、定律等，然後把解題步驟在心裡像放電影似地掃過一遍，這道題就算做完了。這種辦法適用於比較簡單和不重要的題目，既方便又快速。

2.簡演算法

閱讀題目之後，簡單地列出已知條件和要求的問題，然後簡明扼要地寫出解題步驟，尤其要寫清楚所用的公式和定

律。可以不寫出詳細的演算過程，也不一定要算出最後結果。這種方法適用於較為複雜、需要一定思考的題目。

3.正規法

這種方法要求最嚴格，運用也最普遍。交給老師批閱的書面作業和考試作答中，我們都必須採用這種方法。處理典型的和重要的習題時，最好也用這種方法，以便進一步理解和加深記憶，而且平時養成這種好習慣有助於在考試中取得好成績。用正規法解題時，我們必須嚴格按照各類題的解題要求，仔細演算解題的每一步，得出正確的結果，書寫格式必須規範。在演算過程中，我們必須做到認真仔細，步驟完整，表述嚴密，字跡清晰。

9. 如何迅速提高綜合解題能力

有的同學基礎知識掌握得不錯，但一碰到綜合性較強的題目就往往束手無策了，這就顯示你的綜合解題能力還不夠高。那麼，如何才能在短期內迅速提高綜合解題能力呢？可以試試以下幾個辦法：

1. 一題多解和一題多想

所謂一題多解，就是說一道題尋求幾種解法的學習方法。

一題多解屬於發散思維，「發散思維」是一種創造性思維，它沿著各種不同方向去思考，它的產物不是唯一的，而是多樣化的，它具有新穎性、多樣性、伸縮性和精細性四個特徵。

所謂一題多想，就是每做完一道題後，要認真想一想，做這道習題運用了哪些概念和規律，這道習題主要在測試什麼，這道習題能不能變一變，從另一個角度提出等等。

2. 比較歸類，多題一解

習題千變萬化，數量甚多，有「題海」之稱。所以，在做習題時要善於比較歸類，也就是說，做完習題後，應當想一想，這道習題在知識上屬於哪一類，解題的思路和方法又屬於哪一類。然後對做過的題目進行橫向比較，找一找它們共同的地方，題目做得越多，這種個別到一般的比較歸類工作就越重要。

比較歸類後，就會發現，很多題目都大同小異，具有同一種解法，即多題一解，可以把它們歸入到知識的體系中。這樣，做一道題，就可以抵上一類題，自己的綜合解題能力也可以得到較快提升。

10. 解答數學應用題的逆向思維法

同學們都玩過「迷宮」遊戲吧？當你在縱橫交錯的道路中找不到出口時，你會怎麼辦呢？有些聰明的同學常常會反其道而行，從出口倒回去找入口，然後再沿著自己走過的路返回來。由於從出口返回時，途徑單一，很快就會找到入口，然後再由原路退回，走出「迷宮」自然就不難了。解應用題也是這樣，有些應用題用順向推理的方法很難解答，如果從問題的結果出發，從後往前逐步推理，問題就很容易得到解決了。這就是逆向思維法，即首先確定你要達到的目標，然後從目標倒過來往回想，直到你現在所處的位置，弄清楚一路上要跨越哪些關口或障礙、是誰把守著這些關口。由於這種思維方法不同於常規，因此往往能出奇致勝，取得意想不到的效果。把這種思維方法用在小學數學應用題的解答中主要有兩種：一是逆向分析法，二是逆向推導法。

1.逆向分析法

　　逆向分析法就是從求解的問題著手，正確選擇所需要的兩個條件，如果解題所需要的兩個條件（或其中的一個條件）是未知的，就要分別求解找出這兩個（或一個）條件，然後依次推導，逐層分析清楚要解決這個問題需要哪些條件，一直到所需要的條件都是已知的為止。這條分析鏈中的最後一步就是解題的第一步，然後，由此逐步返回，最後列出正確的公式，解決問題。逆向思維法尤其適合解答數量關係比較複雜的應用

題。

例如：某加工組生產一批零件，原計畫每天生產2000個零件，10天就可完成，實際每天加工2500個零件。實際比原計畫提前多少天完成了這批生產任務？

這道題的分析思路如下面所示：

要知道「實際比原計畫少用多少天」，就必須用「原計畫生產的天數」減去「實際生產的天數」。「原計畫生產的天數」題目中已知，「實際生產的天數」未知，要求出「實際生產的天數」，就必須要知道「生產零件的總數」和「實際每天加工的零件數」兩個條件，因為「生產零件的總數」÷「實際每天加工的零件數」＝「實際用多少天完成生產任務」。「實際每天加工的零件數」這個條件題目已經告訴了我們，而「生產零件的總數」未知。進一步推導，「生產零件的總數」＝「原計畫每天生產零件數」×「原計畫生產的天數」，這兩個條件都在題目中出現了，因此，求「生產零件的總數」就是我們解題的第一步。可列出公式：$2000 \times 10 = 20000$（個）。第二步就可以算出「實際生產的天數」。列出公式如下：$20000 \div 2500 = 8$（天）。第三步就可以求出「實際比原計畫少用多少天」，公式為：$10 - 8 = 2$（天）。綜合列式為：$10 - 2000 \times 10 \div 2500 = 2$（天）。因此，實際比原

計畫提前2天完成了這批生產任務。

2.逆向推導法

這就是逆向推導法。用逆向推導法解應用題列公式時，經常要根據加減互逆，乘除互逆的關係，把原題中的加用減算，減用加算；把原題中的乘用除算，除用乘算。

當應用題的已知條件是原數經過若干次變化的結果時，其解法與前面說的幾種方法就不一樣了。解這類應用題，首先得搞清楚原數經過幾次變化，是經過怎樣的變化。也要知道變化的結果是多少，然後，才能以結果為線索，照原題的相反意思還原。這裡說的「相反意思」是什麼呢？原數的變化如果是「輸入」，那麼，還原的結果就是「輸出」。原數的運算是加法或乘法，那麼，還原的運算就是減法或除法。由結果逆推，得到原數的解題方法，就是逆推法，或稱「還原法」。

例如：某商場上午賣出電視機30台，中午從廠家運來50台，下午又賣出15台。現在，商場裡還有72台電視機。問商場原來有電視機多少台？

解析：本題中，「商場原有電視機台數」是原數。該原數根據題意，經過了三次變化。第一次變化是「上午賣出電視機30台」；第二次變化是「中午從廠家運來50台」；第三次變化

是「下午又賣出15台」。原數是經過這三次變化，才成爲「72台」的。

如下面所示：

從下面可以清楚地看出逆推法的過程：

第一步：商場現有電視機72台，那麼，在賣出15台以前，應有電視機多少台呢？可用加法計算，得：72＋15＝87（台）。

再逆推第二步：在運來50台之前，商場裡的電視機是多少台呢？用減法計算，得：87－50＝37（台）。由此可知，在運來50台之前，商場裡的電視機有37台。但問題並沒有得到最後解決，因爲商場上午還賣出電視機30台，所以還要逆推一步。

逆推第三步：商場上午賣出30台之前，有電視機多少台？這就是商場原有電視機的台數。用加法計算，得：37＋30＝67（台）。

綜合公式爲：72＋15－50＋30＝67（台）。

對同學們來說，學會逆向思維法，不僅能增加一種解題方法，而且對培養逆向思維推理能力，也有著積極意義。值得注意的是，剛開始學習用逆向思維法解應用題時，一定要

畫思路圖，當對逆向思維法的解題方法已經很熟悉時，可不再畫思路圖，而直接分析解答應用題了。

11. 數學題做好之後要再多想想

許多同學在做完數學題之後，往往只是檢查一下得數對不對、單位名稱寫了沒有等問題。而小華卻不只這樣，他做完數學題之後，總是會提出一些額外的問題來。比如，有一次，老師出了一道數學題：一個長6公分，寬3公分，高5公分的魚缸，缸裡水深3公分，缸裡的水有多少立方公分？根據題意，小華很快地列出公式：6×3×3＝54（立方公分）。解完題之後，小華並不是把題目扔在一邊就萬事大吉了，而是提出了下面的問題：為什麼「高5公分」這個條件沒用上？如果要把題目中的條件都用上，問題應該怎麼改？這樣的問題很有思考性。

經過思考他做出了下面的回答：

第一，因為這道題目問的是水的體積，只需知道水在這個容器裡的長（6公分）、寬（3公分）、高（3公分）就可以了，魚缸的高與求水的體積無關，當然魚缸「高5公分」這個條件就用不上了。

第二，如果條件不變問題變，而且要把題目中的條件都用

上，那麼，問題就要改成「魚缸裡還能盛多少水？」由此，列出的公式應該是：6×3×（5－3）＝36（立方公分）。

第三，如果問題不變條件變，而且要把題中的條件都用上，那麼，這道題可以這樣改為：「一個長6公分，寬3公分，高5公分的魚缸，缸裡水面距離缸口到2公分，缸裡的水有多少立方公分？」這樣就把原題中「缸裡水深3公分」的直接條件變為間接條件，可根據「高5公分的魚缸，缸裡水面距離缸口到2公分」推知，水深為3公分。由此列出公式：6×3×（5－2）＝54（立方公分）。

看，這樣的自問自答，不是給自己創造了一個思維訓練的機會嗎？就是因為小華有這樣的好習慣，他的數學成績在班上總是第一名。你試試，也一定能做到。

12. 應用題的三種檢查方法

檢查是解題過程中不可缺少的重要步驟。透過檢查可以即時發現和糾正解題中的錯誤，保證解題結果的正確性。應用題也不例外。一般來說，檢查時應考慮以下幾個問題：

1.計算結果與原題意的實際情況相符嗎？

2.列式正確嗎？

3. 題中的資料抄錯沒有？計算是否正確？

解答應用題後通常的檢驗方法有以下幾種：

1.估算法

估算法就是對應用題的計算結果做一個估計，看是否符合題意的實際情況。

例如：汽車從甲地到乙地，前三小時每小時時速36公里，後兩小時每小時時速45公里，這樣就能準時到達。該汽車從甲地到乙地平均每小時時速多少公里？

解：（36＋45）÷（3＋2）＝16.2（公里）

檢驗：根據題意，可以估計這五小時平均每小時時速的公里數應在前3小時與後2小時平均每小時所時速的公里數之間，即在36公里與45公里之間。顯然，上面的解答是錯誤的。

更正：（36×3＋45×2）÷（3＋2）＝39.6（公里）

2.代入法

代入法就是把原題中的未知數用求出的結果代入，看所得的結果是否符合應用題裡某一個已知條件。

例如：某建築隊修一條公路，第一天完成了公路的20％，

第二天完成了剩餘的50％，公路還剩10公里沒有完成。這條公路長多少公里？

解：$10÷[1-20％-（1-20％）×50％]=25$（公里）

檢驗：第一天完成的工作量：$25×20％=5$（公里）

第二天完成的工作量：$（25-5）×50％=10$（公里）

還剩的工作量：$25-5-10=10$（公里）

最後剩下的工作量與題中「還剩10公里沒有完成」的已知條件相符，說明此題的解答正確。

3.多解法

有些應用題能夠用多種方法進行解答。用一種方法解答後，用另一種解法檢查，看不同解法的結果是不是一樣。

例如：某車隊運送一批貨物，計畫每小時走45公里，6小時到達目的地，實際每小時走了50公里。照這樣計算，走完全程需要多少小時？

解：$45×6÷50=5.4$（小時）

檢查：用另一種方法解答。

解：設實際走完全程需要x小時。

$$45 \times 6 = 50x$$

$$x = 5.4$$

兩種不同解法的結果完全一樣，說明解答正確。

13. 養成檢查錯誤的習慣

對小學生來說，養成檢查錯誤的習慣十分重要，既能減少作業和考試中的錯誤，又能培養細心的素質。要養成檢查錯誤的習慣可以從以下三方面著手：

1. 在解題時，步步用概念檢查錯誤

解題過程中離不開概念，因此，弄清概念是檢查錯誤的前提。例如：一種農藥，藥液與水重量的比是1：500。（1）5公斤藥液要加水多少公斤？（2）如果要配製8000公斤藥水，要用多少公斤藥液？

解這道題時，爲了防止可能發生的計算錯誤，必須弄清「按比例分配」和「正比例」這兩個概念的關聯和區別。

2. 發現題目解錯後，應重新回頭審題

第二次審題應重點審讀題目中的已知量、關係句、重點詞，邊讀邊問自己，哪些量之間有什麼關係，可以用來求出什

麼量，自己第一次錯在哪裡等等。尤其要注意一些容易混淆的語句，如「增加了」和「增加到」，「多幾倍」和「是幾倍」，「比……多」和「比……少」，「比……的幾倍多」和「比……的幾倍少」等等。只有認認眞眞弄清已知條件，找對標準量，弄清倍數，才能建立正確的數量關係，進而列出公式，解出題目。

3. 對一些常見錯誤進行判斷和選擇訓練

經常進行這方面的思考，可以有效地防止犯相同或類似的錯誤。

例如：鋪一塊地，用邊長0.3公尺的方磚需要576塊，如果改用邊長0.4公尺的方磚，需要多少塊？

解法如下：設需要邊長0.4公尺的方磚x塊，$0.4 \times x = 0.3 \times 576$，$x = 432$。此解法對嗎？爲什麼？其實，此解法的錯誤就在於把「邊長」和「面積」的概念混淆了，在這塊地的面積一定的情況下，應該是方磚的面積與方磚的塊數成反比，而此解法誤認爲方磚的邊長與方磚的塊數成反比。正確的解法應該是：

解：設需要邊長0.4公尺的方磚x塊。

$0.4 \times 0.4 \times x = 0.3 \times 0.3 \times 576$

x=324

14. 怎樣整理歸納數學知識

知識靠累積。在學習的過程中，有很多知識需要不斷複習，進而牢牢記住，並累積起來，數學也不例外。但是，由於數學學科的特殊性，在複習的過程中有一些獨特的方法值得掌握，這樣有助於同學們對所學知識進行歸納、整理，便於複習、記憶。

1. 列表法

將某類知識列成表格，透過分析、比較，總結出規律。例如，小數乘法的計演算法則，透過歸納整理，我們可以列出下表：

類別舉例	計 算 法 則
小數乘以整數	0.025×35
整數乘以小數	102×0.33
小數乘以小數	0.132×0.028

先按照整數乘法的法則算出積，再看因數中一共有幾位小數，就從積的右邊數出幾位，點上小數點。透過這個表我們發現，只要牢記小數乘以小數的計算方法就足夠了。可見，透過列表法不僅能歸納整理知識點，而且能幫助我們避免因盲目複

習而付出一些無謂的努力。

2. 網路法

這種方法主要是透過整理相關概念之間的關聯，進而建立起一個知識網路，用這種方法掌握的知識更牢固，更有助於觸類旁通。例如，透過整理幾何圖形的面積圖形及公式，我們可以看出所學的幾種幾何圖形之間的關聯，透過掌握長方形面積公式的推導方法，就可以進一步推導出正方形、平行四邊形、三角形、梯形等的面積公式。

3. 提綱法

提綱法最大的優點就是提綱挈領，一目了然，讀起來清楚、明白。這種方法主要用於初步複習之後，對知識有了一個大概的瞭解的時候，可以進一步鞏固知識，加深對知識的整體理解和把握。如下圖所示：

簡易方程式	用字母表示數	表示數量關係
表示運算定律	表示計算公式列方程式	代入求值
解簡易方程式	方程、方程的解	解方程
解方程式的方法	列方程式	解應用題

3 英語學習術

英語是一門實踐性很強的學科,目前,台灣也已經把英語做為第二語言和外交語言來使用。根據統計的資料顯示,世界性往交的郵件近80%是用英語書寫的,全世界大部分的電台都用英語進行廣播。

今天,隨著台灣與世界交流的逐步深入,尤其是台灣加入WTO之後,英語在我們的學習、工作與生活中起著越來越重要的作用。在台灣,國語、數學和英語並列為三大基礎學科,是各種升學考試必考科目。所以,我們一定要將英語學好,尤其一定要在小學階段把英語的基礎打好。

高手學習法

1. 培養學習英語的興趣和自信心

有的學生可能會認為英語是外國人的語言,所以會在心理產生一種抵觸的思想行為,認為我們不應該學習外國人的語

言，而且還會冠冕堂皇地說這是「愛國」的表現。但這些學生卻往往忽略了英語是世界上的通用語言，我們也是屬於世界裡的一員，所以我們也要學習世界的通用語言，這是理所當然的事。

你要是真的是「愛國」的話，就應該好好地學習外語，多掌握幾門外國語言，才是真正做到為國人揚眉吐氣！

很多同學之所以對學習英語提不起興趣，那是因為還沒有了解到學好英語的意義與好處，而是被老師和父母逼得實在沒辦法才硬著頭皮學，當然會覺得困難重重，所以越學越覺得沒意思，越學越討厭，最後當然是不可能學好了。

同學們必須明白一個道理，今後的地球將會變得越來越「小」，我們與世界各國的交流將越來越頻繁。所以，只有掌握好世界的通用語言才能和各國的朋友進行溝通與交流，只有真正體認到這一點，你才能下決心把英語學好，並對學習英語產生興趣。

學習英語知識需要我們平時的大量累積，講究的是把平時的工夫做好，而不是一蹴可及。特別是身為小學生，同學們都是初學者，千萬要注意克服急於求成的心理，善於從平時的學習和生活中的點點滴滴學起，從最基礎的知識學起，並養成經常進行自我檢測、自我監督、自我鼓勵的習慣，每

天堅持不懈地抽出時間來練習，不斷地肯定自己、相信自己，你就會發現英語並不難學，而且還有很多的趣味。

等到有一天，你看見一位外國朋友從自己身邊走過，當你鼓起勇氣跟這位外國朋友打招呼時，你就會驚喜地看到這位外國朋友會回報你眞誠的微笑，溝通——原來可以這麼簡單。

2. 語音和語調不可忽視

同學們剛開始學習英語的時候一定要重視語音和語調。發音、語調、重音和停頓等，雖然不要求做到完美，但應盡量做到基本正確。否則，會影響到今後聽力和口語的學習，致使學習英語失去了本來的意義。爲此，我們應該做到多模仿、多朗讀、多複述、多背誦，唯有如此，才能眞正地學好英語和應用英語。

模仿和朗讀對我們學英語有著特殊的重要意義。英語和我們的國語屬於兩種不同的語系，從語音方面，我們國人學習英語存在著一定程度的困難，諸如發音器官的不習慣；讀輔音連綴時容易「加音」；不習慣使用升調，致使升調的掌握不準；音不正腔不圓；朗讀缺乏節奏感和語音讀起來生硬等等。正因爲如此，我們在口語訓練中，更應特別注重模仿，只有多模仿、多朗讀，才能改進語音和語調。

　　我們雖然提倡模仿外國人的語音語調，但也沒有必要一味地追求洋腔洋調，重點應放在發音正確、咬字清楚、發音自然等這些技能的訓練上。朗讀時應以CD裡的語音和語調方式去朗讀。在朗讀時，可以把自己的聲音錄下來，認真聽一聽，這樣能夠找出差距，容易發現自己的弱點和缺點並加以改正。透過模仿、朗讀、背誦不但能夠學習比較純正的語音語調，同時還能非常有利於同學們培養英語的語感。

　　練習口語，特別是在缺乏真實的語言環境下練習，同學們應該多複述、多背誦一些課本上的文章，才能達到很好的訓練目的。

　　有很多人在運用英語連續交談的時候常見的困難之一是「有話不會說」，究其原因，主要是語言基本功不夠，而要有紮實的基本功，就需要我們多掌握一些基本的交際用語，即熟記一些功能表達方法、基本句式和常用句型。複述和背誦能幫助同學們熟練掌握常見語言功能項目。英語口語較好的學生可以用自己的話複述朗讀過的、聽到過的或閱讀過的資料，也可以完全擺脫原文重新組織內容；口語較差的學生可以先用原文的句型，慢慢轉入用自己的話表達，即先背誦，後複述。

　　句型操練、朗讀、背誦和複述等半機械性練習方式，能

夠幫助同學們熟記語言結構和形式，為在真實情景中運用自如打下良好的基礎，複述還能有助於培養我們良好的說話習慣，說起話來更加流暢。

3.英語單字記憶有訣竅

很多同學對於英語單字的記憶感到非常困難，覺得記的沒有忘的快，所以唯一的辦法只有一味地死記硬背，這樣做不但效果不明顯，而且容易產生厭倦感。其實英語單字的記憶也是有訣竅的，只要你掌握了這些訣竅，記憶起來就會覺得輕鬆了許多。

1.全身心記憶法

根據測試結果顯示，如果我們身體部位和一些器官參與記憶單字越多，單字在大腦中的印象就越深刻，記憶的時間也就越長。

邊讀邊寫邊記，除了讀、記所使用的發音器官和身體的其他部位外，大腦中樞還要指揮大臂帶動小臂，小臂帶動手掌，手掌帶動手指，進而正確地書寫單字。這種方法避免了「小和尚念經」──只讀不動腦的方法，因為一旦注意力不集中，書寫就會馬上出錯。書寫既是大腦中樞的執行行為，又是大腦中樞的監察器。

2.聯想記憶法

也就是不單獨地記一個單字或片語，而是把它與同義詞、反義詞、相關詞、句、篇等聯想起來記憶。「聯想是釣鉤，在茫茫的藝海中，它能準確地鉤住你所識記的事物。」聯想越豐富，越多彩，記憶的藝術也就越高超。

3.無意識記憶法

無意識記憶並不是無注意力記憶，而是時間分散記憶。首先準備一本袖珍筆記本，將要記憶的單字寫在筆記本上。只要有時間就拿出來讀。這些單字見多了對你就會產生感情，所以你就會輕易地把它記住，因為每讀一遍，就在你的大腦中加深一層印象。這樣記憶的單字可長久不忘，並能隨時想起，是一種很好的長時記憶法。但這種方法一定要養成習慣才有效。

另外，利用老師的課堂活動記憶單字效果也是很好的方法，比如透過自己和同學玩團體遊戲，在輕鬆、愉快的氣氛中就能將一些單字記住。

總之，單字記憶的方法有很多種，每個人的情況不同，對甲適合的方法不一定對乙適合。所以，每個人要選擇或總結適合自己的方法，這樣才能事半功倍。但有一點是必須要

記住的，詞彙只有在運用中才能真正掌握，也就是說，必須多聽、多說、多讀、多寫才能真正記住自己想記的詞彙。

4.好英語是課外練出來的

我們學習英語，無非是要達到兩個目的，第一是能夠進行日常的英語會話，即能夠用英語更真實、更明確地表達自己的所思所想。第二是我們現在不得不面對的考試問題。

日常會話需要語言環境，只要同學們在日常的生活中善於觀察我們身邊的一些事情，就不難發現有很多機會。

例如：同學們可以試著編一些每天唱的兒歌：

早晨醒來說morning，見了外公、外婆說聲hi。愛清潔、講衛生，刷刷teeth、洗洗hand，face自己擦乾淨。一片bread、一杯milk、一個egg，寶寶自己吃得歡。換上dress、帶好cap、穿上shoes，one、two、three、four上學去嘍，happy、happy新的一天開始了。

想吃蘋果說apple，想去公園說park……

對我們來說，盡早進入英語環境很重要。比如在學校和同學們在一起的時候，可以用英語進行簡單的交談，你會發現有很多的樂趣，使我們學習起來不再感到枯燥、乏味，進而創造

了輕鬆、快樂的學習氛圍。在這種氣氛下學習，過不了多長時間，你就會發現，自己的英語能力已經比以前提高了很多。

如果找不到同伴或很少有機會參加英語活動的學習，你也可以透過自己的創造使自己置身於英語的環境中。比如：用英語描述自己所看到的景物，用英語口述自己正在做的事情。

每個人在說話的時候都有自己的習慣用語，而這些話又是你平常所說的。所以，第一個方法就是把自己常說的話翻譯成英文，每當你表達這個意思的時候，就用英語把它說出來。比如：你在需要幫助時說：「Can you help me？」當你發現別人遇到麻煩時你可以說：「What's the trouble with you？」當你對別人的說法、做法表示同意時說：「I think so.」等等。

真正聰明的學生當然離不開老師在課堂上所傳授的知識，但僅憑這一點是遠遠不夠的，而更多的是要靠自己在課堂內外自己給自己創造機會練出來的。就學習英語而言，不要把「寶」都押在課堂學習上，而要注重課堂之外的自學。要學會在生活中學英語，生活的範圍有多大，你的英語學習天地就有多寬廣。

誠然，我們現在周圍的語言環境大都是國語，但同學們可以自己虛擬出「英語世界」。在日常生活中經常這樣問自己：這層意思或這個事物用英語該怎麼表達？在這種場合或情景下，「老外」會說些什麼話？帶著這類問題去讀書，去請教他人，就能「立竿見影」。有了這種意識，你就會發現：你走到哪裡都可以學英語，一輩子都在學英語。

5. 簡單讀物十分重要

很多同學抱怨英語學習很枯燥，讓人提不起興趣來。這時，如果同學們選擇一些比較簡單的英文版小說、幽默故事或內容比較輕鬆的短文閱讀，就可以使我們有足夠的興趣堅持下去。

看英文小說對我們來說雖然還有相當的難度，但是我們可以找一些帶有中文註解的小故事、小謎語等來閱讀，這樣可以讓閱讀變得更簡單。當你經過努力看完一本英文讀物的時候，你會有一種說不出的成就感，你會覺得興奮、自豪，你會發現自己對學習英語充滿了信心。

另外，我們可以搜集一些英文的諺語、名言或是簡短的詩歌。你可以把其中自己喜歡的寫在一張紙上，貼在床頭或是比較顯眼的地方。每天早晨起床後，看著它們背誦。這些英文的

名言警句既可以使你的口語能力得到提升，又可以提高你的文學鑑賞能力，眞可謂一舉多得。

如果你對外國流行歌曲感興趣，不妨找幾首自己較喜歡的英文歌曲，聽著那些優美的旋律，看著歌詞，再跟著唱上幾句，學習的興趣就更高了！假如你遇到了陌生的單字，你一定會主動地把它弄清楚。因爲這也是學習英文歌曲的一個目的，對嗎？

6. 不要放棄音標

音標可以放棄嗎？當然不可以！絕對不可以！因爲想要學好英語，正確的發音是基礎，而音標恰恰是發音的基礎。我們有時學習了很長時間的英語，卻始終無法開口，就是因爲發音不正確，從一開始就沒有把音標的基礎打好。

音標是記錄音素的標寫符號，它是研究語音和記錄語音不可或缺的工具。根據使用範圍的不同，可把音標分爲兩種，一種是適用於某一種語言的，如中文注音只適用於國語，俄語的斯拉夫音標適用於俄語，英語的韋氏音標適用於英語；一種是世界通用的，可以用來記錄人類所有語言的語音系統，比如國際音標，就可以記錄世界上所有的語言。

身爲小學生，學了一年英語之後，最好就開始學習音

標，這樣對於提高口語聽力很有效果。如果不學音標，一味地跟著老師學習，單字的學習也變成死記硬背，影響自學能力。學了音標，充分利用音標的規律性，從小培養純正、準確的發音，才能爲中學繼續學習打好基礎。

學習音標，首先要破除對它的神秘感，和中文注音一樣，音標不過是一套記音符號。中文注音有聲母和韻母，而音標有子音和母音。同學們可以把中文注音和英語音標對照排列起來學習，看看它們相同的地方和不同的地方，這樣便於掌握。比如聲母和子音，英語音標和中文注音有差異也有相似，國語22個聲母，只有f、m、n、l、s五個子音書寫相同，其餘17個都不同。有些差別很大，有些只是附加符號的差別，歸結起來是同音不同形，同形不同音。

掌握英語的音標，對於較難的音標可以用相近中文字的發音代替，然後像中文注音那樣學會拼音，最後慢慢地根據音標正確讀出這個單字的發音。在練習音標的同時，可以掌握一些較短的句子，例如口語要素，然後再根據不同的語言環境用不同簡短的句子進行訓練。如果條件允許的話，可以看一些有趣而簡單的兒童英語節目，營造良好的學習環境。

7. 把英語說得像「外國人」

我們聽不懂中國各省方言，是因為大家語音標準不一致，對別人的語音標準不熟悉，當然聽不懂。當我們說的「我國英語」和老外的英語語音效果不一致時，雙方在語言上的溝通與交流就會有一定的難度。當我們去掉方言口音，把英語說得清晰，再由清晰到含糊，和老外說得完全一致時（一樣清晰，一樣含糊），也就是當我們對老外慢速、清晰的語音和快速、含糊的語音特別熟悉時，我們和老外才能暢通無阻地進行溝通。

多數人說國語時可以說是咬字清晰，順口成章，但學習外語時，才發現舌、齒、唇運動不靈活。按發音和醫學原理，讓唇、舌、下顎、喉、胸、腹等整個發聲器官每一塊肌肉、關節，從根本上改善其靈活度、協調性。如果你在平常的生活中注意觀察的話，你肯定會發現：外國人說話的聲音非常響亮、渾厚，好像是從口腔後面發出來似的，或者像唱歌一樣好聽，或者覺得怪怪的，但你就是學不來；華僑孩子的語音聽起來像外國人一樣。對於這些或許會讓你覺得有點莫名其妙吧！其實如果你去觀察學過聲樂、表演、台詞、播音、戲曲等聲音藝術的人，他們說話時同樣可以發出這種音質來。如果你的口齒能力提高後，學習任何語言都很容易。

如果過去只盲目地練習熟練性，沒掌握技巧性，就會影響流利性！聽力天賦不好，容易受中文字音、腔調的干擾，

一不小心就會說成「我國英語」了。

　　想要真正達到口語的清晰、流利，只有從基本語音開始，有了清晰、標準的語音和拼讀組合音技巧，才有單字和長句的口語整體感覺。就像蓋房子是磚頭決定大廈，而不是大廈決定磚頭。

　　連讀是擺脫課堂英語，達到流利、快速的重要途徑之一。身為熟練的使用者可以把英語說得含糊，而清晰的標準話是以英語國際標準音構成的語言。所以身為學習者，應該在掌握英語標準音後，才能很好地學習連讀的技巧，如果沒掌握正確、到位的發音動作過程，卻急於學習連讀的技巧，就會弄巧成拙。把標準語音讀錯了，不是越連越錯嘛！正因為過去只模仿得「像」外國人，才「不是」外國人。諸多不標準、不到位的發音快速連在一起讀時，就暴露出錯誤來，說起英語來就越說越不像外國人了。只有控制好單字、句子的節奏、速度，學會把該連的音、詞連在一起讀，該斷開的音、詞停頓下來，說起英語才能真正像外國人。

　　英語說得流利的小朋友基本上是勤奮模仿、借鏡和自我磨練出來的，而不是單獨寄予希望於老師教得好。好的老師不一定能教出優秀的學生，因為再好的老師也不能代表小朋友、代替小朋友去學習。

8. 英語閱讀三要素

說起英語閱讀，有的同學會頓覺眼前一黑，密密麻麻，它不認識你你也不認識它，不像我們國字，沒見過也能猜個大概。其實英語閱讀並不是那麼難，只要你掌握了三個要素，閱讀起來就會非常地輕鬆與自然。

第一是要掌握一定數量的單字。如何記憶單字我們前面已經說過，其實策略在於：找到最適合自己的單字記憶方法。有人喜歡狂抄，有人喜歡聽寫，有人喜歡把單字在腦裡想像成小狗、小貓，有人喜歡建立同義詞庫，有人喜歡閱讀，有人喜歡注意大街小巷的各種品牌……分開來看，各種方法都是非常微不足道的，只有學會把這些方法結合在一起，效果才會不同凡響。

一旦掌握了一定數量的單字，你便具備了閱讀英語資料的一個前提條件。

第二是要掌握好語法。有的同學肯定會有這樣的經驗，在一篇文章中，就算你能夠認得所有的單字，但你還是無法理解，更不用說把它翻譯成中文了。所以我們還必須掌握一定的語法，才能正確地看懂整個英文句子。因為英文的語法跟我們中文字的語法還是有很大的區別的。

第三是要學會關聯。可以分成兩種關聯方法，一種是將文章中句子與句子之間、段落與段落之間進行關聯，這樣文章的層次會變得非常清晰，容易理解一些還不太懂的單字和語法；另一種方法是將閱讀的每一段文字與自己、與身邊的生活關聯起來，就會讓英語閱讀成為一種樂趣，這樣回答起問題也會得心應手。

9. 簡單又有效的提高聽力的方法

聽力對小學生來說，雖然還沒有太受重視，但卻是始終要學的，既然早晚都得學，不妨從現在就開始打好基礎，以後真正學起來時就會感到非常地輕鬆了。但對我們來說，可能由於周圍沒有良好的環境，致使學習起來相對困難些。這裡我們所介紹的幾種簡單又有效的提高聽力的方法，相信對同學們肯定會有所幫助。

1.聽——答，對聽力資料潛在意義進行理解，並回答有關問題，或就聽力資料引起的關於日常生活經驗的問題進行創造性地回答。

2.聽——重述，將聽到的資料一字不差地重述出來，可以達到兩個目的：一是訓練聽力的精確性；二是培養正確的語音、語調。對自己的聽覺記憶力也大有好處。

3.聽——複述，這個方法要求同學們運用已學的語言資料，將所聽到的資料內容較完整地表述出來。複述的方式同樣因人而異，可以透過這種方法練習加強對聽力資料的理解，並且複習已學過的知識，培養較強的口頭表達能力。但難處主要有兩點：一是要理解並記住聽力資料的主要內容；二是要盡快找到相同或類似的語言資料進行組織並表達出來。這種方法適合有比較好的基礎的學生。

4.聽——表演，這種方法要求將聽到的資料用戲劇化、角色化的方式表述出來，較為生動、具體，且有一定的交際性。同學們可以將聽到的資料原封不動或略加改動地進行表演，也可以將資料進行大幅度改變，進行自由發揮式的表演。此練習法不僅要聽懂、記住資料，而且還要進行角色化的類比交際活動，因此，聽力訓練和交際性會話就結合起來了。

5.聽——讀，可以先讀後聽、先聽後讀或邊聽邊讀。

4 社會學習術

社會也是升學考試的必考科目，但它存在就有存在的理由，就有值得我們學習的必要性。如果一切教育的目的都以考試為目的，為學習而學習，為考試而學習。那麼，最後培養出來的往往只是「書呆子」，而不是「人才」。這也就和我們所提倡的素質教育背道而馳。所以，同學們千萬不要被考試束縛了，而應全面發展你的觀察思維能力，觀察社會上各種各樣的事情！

高手學習法

1. 我們為什麼要學好社會

我們每個人從呱呱墜地開始，就生活在社會裡，從接觸父母，到接觸鄰居、朋友、老師、我們走進了社會，就像對自然現象感到好奇一樣，我們也對社會文化現象發生了興趣，因為

我們天天生活在社區裡，離不開家庭、學校，天天看報紙、聽廣播、看電視，親歷自己居住的地方發生的事情，關心從遙遠的地方傳來的消息。我們就生活在這樣一個實實在在的世界裡。然而，即使面對最熟悉的人和事，我們也有許多問題一時找不到答案。比如，為什麼都市和鄉村有許多區別？為什麼不同的地方會有不同的語言和不同的風俗習慣？為什麼我們和長輩之間總對一些問題有不同的看法？為什麼人們把多餘的錢不是放在身邊而存入銀行裡？為什麼社會中人與人的交往會有那麼多的規則？

面對這些問題，都必須從我們的社會課裡去學習、去理解。身為一名小學生，培養自己的實踐能力和健全的品格，是不可或缺的，社會就是為我們提供把書本知識和實際互相聯繫起來的一門科目。

在歷史的發展長河中，曾經湧現一些我們所熟悉的傳統大學問家。他們都能夠很好地把書本知識與實踐互相關聯起來。顧炎武就是一個典型的例子，明朝滅亡後，他大部分時間都在地方活動，考察山川形勢、政治經濟、文化風俗。每次出行，他總是用二騾二馬載書，經過邊塞、關哨、山川時就向當地的老百姓詢問和瞭解一些知識和地方的民俗風情，

如果所聽到的跟以前所學的不吻合，就打開書籍對照，加以觀察、思考。經過長期累積，他終於有很多新的發現，並寫出了《日知錄》等傳世之作。他這種注重實學的作風，在今天仍然對我們的學習有很強烈的啟發和意義。

所以，轉變「死」讀書的這一不利局面，是非常重要的，需要我們更新學習觀念，不光從書本上學習，課堂上學習，還要學一些課堂之外、學校之外的實際生活學。因為這個社會正在以令人眼花撩亂的速度發展，我們必須要學會適應這個社會，進而創造這個社會。但需要注意的是，身為小學生，我們的心態還沒有真正地成熟，是非觀念也還比較模糊，所以學習社會課一定要在老師和父母的指導與教育下進行。

2. 如何學好社會

社會是一門集社會實踐與理論知識於一體的重要課程，其中發揮主導作用的是社會實踐。如何學好社會課呢？下面這些原則是你應該遵循的。

第一，要善於聽課。也就是深刻理解並掌握老師上課提到的理論知識的重點、難處。要知道，如果沒有理論做基礎，就沒有社會的實踐，就算有也是盲目地實踐。就好比你連七大

洲、四大洋都不知道，又怎麼能夠畫好一幅世界大陸分佈簡圖？

再說一個更實際的例子：一些同學上課不好好聽課，竟連香港和澳門也分不清，考試時題目要求指出香港，他卻指著澳門說是香港，之所以造成這種讓人啼笑皆非的錯誤，並不是他們的智商太低或腦子太笨，而是上課時沒有用心的聽老師講課。

第二、要勇於實踐。想要學好社會課，僅憑課本上的理論學習肯定還遠遠不夠，我們還必須進行一些實踐活動。因為，只有實踐才是檢驗理論的唯一真理。所以，必須把理論與實踐結合，在日常生活中勇於實踐，這樣才能提高我們的社會實踐能力。

第三，勤於複習。在既有理論又有實踐之後再進行有序地複習。複習時可按照以下的步驟進行：

1.在下課之後系統而全面地複習課本上的內容。

2.許多人喜歡死記硬背，我們不提倡這種笨拙的方法，而是要求同學們每天晚上讀一遍書中畫線的部分即可，但一定要用心讀。

3.在考試前一天再進行一次系統且全面地複習。只要養成這樣的複習習慣，你就可以學好社會課。

此外，我們要注意將社會的學習與其他各科科目的學習結合起來。因為，一個合理編排的課程表，猶如一個營養均衡的食譜，裡面各個科目都是有益於我們身心健康成長的知識，千萬不可偏廢。只有這樣，我們才能健康成長，早日成材。

4. 如何聽好社會課

你在課堂上提過問題嗎？你幫同學解答過問題嗎？不管你的答案是肯定還是否定，在這裡我們給你的建議是，既然我們是學生，我們在學習中就應該具有很強的積極性和主動性。唯有如此，我們才算真正履行了學生的職責，才能學到我們該學到的知識。

所以，請你一定要記著帶著你的好奇心走進教室，帶著你的問題與老師進行交流與溝通。社會課是從學生的實際發展需要出發的，對每個學科進行綜合設計。因此，它的學習不應侷限於一間教室或一所學校，為了探索有關問題，我們必須將自身融入到自然和社會中，用自己的慧眼去認識自然，瞭解社會。這樣不但可以開闊自己的視野，加深自己對社會問題的理

解，而且也有助於自己進一步思考，提高社會的適應能力。

在社會的學習中，我們一定要保持一顆好奇心，除了在課堂上認真聽講、課後完成作業之外，更應該帶著你頭腦中的問題去觀察我們身邊的所有事情，以及社會上發生的形形色色、五花八門的事件。只有這樣，你在課堂上所學到的知識才能真正地發揮出來。

5. 如何將社會關聯實際生活

我們學習社會是為了具備良好的公民素質，培養認識社會、適應社會、服務社會和創造社會的初步能力，增強愛國意識並培養我們的社會責任感。

同學們也許會發現教材上有些文字顯得比較深奧，不容易完全理解、接受。但是，如果聯想我們身邊的實際生活來理解教材上的理論，就會使我們對社會課產生深厚的興趣。

比如在學到「什麼是商業」時，課本上的定義是：專門從事商品交換（或買賣）的行業叫商業。這種帶有專業性解釋，身為小學生的恐怕是不容易理解的。但是我們可以看看我們生活中的商場、市場等，還有我們周圍有很多人在做的生意，所謂「商業」就是「做生意」呀！

再比如學習《我們身邊的環境》。課前老師提出問題「瞭解我們生活周圍的環境問題」。我們就可以對我們周圍的環境進行觀察並做一些小實驗，做好準備在課上彙報自己觀察和實驗的結果。

同學們也可以自己拍攝一些和我們生活息息相關的照片，比如：附近的垃圾，並介紹垃圾的危害；可以拍攝一些人們到處亂扔的廢電池，並說明這些廢電池正在給環境造成的污染和危害；可以搜集整理一些數字，反應社會的進步現象或給社會帶來負面影響的一些事情，並嘗試做進一步的分析。總之，如果用心觀察，我們生活的周圍就是你學習社會課的活教材。

5 自然學習術

　　還記得當初你是抱著什麼樣的態度走進幼稚園的嗎？還記得幼稚園的老師發給你第一本書時你是怎麼想的嗎？不用說，當時的你心裡一定會產生一個大大的問號，好奇心使你翻開了那本啓發你學習思維的教科書。可以說，好奇心是激發你學習的最初動力。直到今天，你依然有很多的好奇心，比如：鳥兒在樹上睡覺為什麼不會掉下來？在漆黑的夜裡貓為什麼能夠抓到老鼠？魚兒為什麼能夠在水裡自由的游泳？……

　　走進自然課本中吧！這裡將滿足你的好奇心，並在無形中培養你善於觀察的能力。

高手學習法

1. 學好自然——研究科學從這裡開始

　　「九層之台，起於壘土。」同學們一定非常羨慕那些天

才的人物吧！但你知道嗎？天才人物也是從嬰兒慢慢成長的，淵博的知識來自於長期學習中不斷地累積，同學們將來在社會上創業，憑藉我們現在良好的基礎學習和科技學習。我們小學學習的自然課，融合了豐富的自然事物和知識，目的是為了對我們進行科學啟蒙教育，啟發科學思維和想像力，發展智力，引導我們「捲入」科學奧秘的發現過程，啟發我們像科學家那樣去探索和研究大自然的奧秘。

從小進行科學學習，是培養自己愛科學、學科學、應用科學的能力，將對我們未來的成長產生深遠的影響，如小學自然教材主要包括動物、植物、人體、水、空氣、力、機械、聲、光、熱、電、磁、地球、宇宙等方面的知識內容，透過這些內容的學習和掌握，使我們豐富了科學知識，為以後接觸新事物、接受新知識打下了良好的基礎。比如光的傳播、眼睛的科學、彩虹的秘密、動物的進化和馴化、地球的自轉和公轉等科學內容的教學過程，可以滿足我們的好奇心和解答我們心中的一些問號。

科學實驗是科技工作者取得科學依據的重要方法，也是我們青少年深化科技知識、培養嚴謹科學態度的重要方法。自然課的實驗有很多，諸如種大蒜、浮與沉、磁鐵遊戲、輪子省力、製作指南針、莖的扦插、葉的蒸騰等科學實驗活動。

要掌握科學的實驗過程，要求我們要一絲不苟地忠實於觀

察、記錄各項實驗的過程和變化及其資料，才能得出符合客觀實際的實驗結果，科學秘密才能被發現。比如：在種大蒜的實驗活動中，透過看、聞、嚐、摸等方法，觀察大蒜的顏色、形狀、氣味、味道等方面的一些特徵來認識大蒜，再透過種大蒜活動（盆栽大蒜），瞭解大蒜種植的過程，並進一步觀察大蒜發芽和生長過程。這樣就會使我們在一定程度上瞭解大蒜生長的科學知識。

　　諸如此類啓發性、科學性的實驗活動很多。如聲音的傳播、食物的營養等等都是很好的科學實驗活動，科學實驗活動一方面可以培養我們的動手技能，另一方面可以激發我們學科學、用科學的興趣。

2. 不要忽視自然觀察

　　觀察是學好自然的重要方法，而觀察包括課堂觀察和課外觀察，只要同學們把這兩者有效地結合起來，肯定會發現自然課也會有很多的樂趣。但不管是使用哪種方法觀察，一定要學會盡量準確、深入地觀察，而不僅僅是停留在表面上。有些學生之所以學不好自然課，其中的原因主要有：觀察事物時注意力分散，只看到事物的表面現象或觀察時毫無針對性的目標，當然學習起來就沒有什麼效果了。

　　既然是學習科學，就要掌握科學的觀察方法。因此，我

們在學習對自然課的觀察中要做到以下幾點：

1. 要明確自己觀察的目的

觀察什麼，怎樣觀察，要達到什麼目的，在觀察前就應該在心中有一個明確的目標。比如：學習《凝結》這一課時，在兩個相同的玻璃杯內，倒入同樣多的、溫度相同的熱水，並在兩個杯口同時分別蓋上冷玻璃片和燒熱的玻璃片後，老師就會提示我們：過一會兒，這兩塊玻璃片下面將會有什麼樣的現象發生。那麼我們就應該帶著這個目的，仔細地觀察，並發現在冷玻璃片下很快出現許多小水珠，在熱玻璃片下沒有小水珠。而如果觀察目的不明確，你就很難發現這些現象。

2. 觀察要細緻入微

只有細心觀察，才能明察秋毫，才能注意到自然事物之間的關聯。所以，我們在觀察自然事物和現象時，應該動用所有的感覺器官去體驗感受。只有這樣才能全面瞭解觀察對象，養成仔細的觀察習慣。

3. 觀察時要學會把握重點

任何事物都有多方面的特性，如果觀察時不分主次，不掌握重點，事物的特徵就不能發現。比如：學習《觀察自然水域》這一課時，如果我們到當地自然水域去觀察，就應該重點觀察被污染水的特徵，看一看水是不是清澈的，是不是無色透明

的，有沒有黑紅、褐等被污染的顏色，有沒有油、泡沫等漂浮物，聞一聞有沒有腥、臭等氣味。否則，觀察就只會成為走馬看花的「參觀」了。

4. 觀察要有耐心，要學會循序漸進

耐心是你學習成功的前提條件，循序漸進是你進步的一個過程。同學們一定要學會將這兩者密切地結合起來，並養成一個良好的學習習慣，才能高效率地掌握自然科學的知識。比如：學習《關節》這一課時，應在老師的指導下細心觀察、認識人體的各個部位，包括肩關節、肘關節、腕關節、髖關節、膝關節、踝關節等一些比較大的關節的基礎上，再觀察有關關節的屈、伸、內收、外展、旋轉、環轉等作用。

3. 自然的觀察方法

1.順序法

自然事物和自然現象都有各自的「順序」，在空間上也都各有各的位置，在時間上當然也有各自的發展過程。因此，我們在學習自然時，應根據觀察對象的特點，做到心裡有個觀察的「順序」。也就是說先看什麼，後看什麼，要有一定的次序。只有觀察有序，才能達到觀察的目的。

而順序法又可分為方位順序和時間順序。

一、方位順序法由整體到部分或由部分到整體；先上後下或先下後上；由左至右或由右至左；由近及遠或由遠及近；由表及裡或由裡及表；先中間後兩邊或先四周後中間；定點觀察或移點觀察（隨著觀察對象的行蹤而改變觀察點）。

二、時間順序法即按觀察對象的先後發展順序觀察。如觀察一天中太陽下的物體變化，觀察蝌蚪的發育過程，觀察蠶一生的變化，觀察月亮在不同日期同一時刻在天空中位置的變化等等。

無論是方位順序觀察還是時間順序觀察，我們都應該知道這兩種方法並不是獨立的，如果只用一種觀察方法貫穿於一次觀察的整個過程，很難做到觀察的全面、仔細。因此，只有用多層次、多角度的觀察方法，圍繞觀察目的進行觀察，才能真正把握自然事物之間的關聯和變化。

2.比較法

比較是人們認識自然事物或現象最常用的方法之一。運用比較觀察法容易發現自然事物或現象之間的異同。比如：學習《鳥》這一課時，我們應該先觀察一些鷹、喜鵲、家燕、大雁、啄木鳥等這些鳥類外形上的共同特徵，再透過比較，就容易發現牠們身體各部位的不同之處。

第四章 家長篇

1 家長是小朋友的啟蒙老師

您或許是政界的重要人士，您的一個決定關係著天下芸芸眾生的生活與命運；您或許是商界的風雲人物，在社會上有著呼風喚雨的能耐；您或許是為人師表的老師，在社會上桃李滿天下；您或許是社會的名人，吸引著無數羨慕與敬仰的目光；您或許只是一個普通老百姓，整天為生計而奔波⋯⋯

你們在社會上各有各的身分，各有各的貢獻，不管是為國民生計也好，為社會的繁榮昌盛也好，還是僅僅為了自己一家人的生活也好，你們都是值得讚許的，你們勤奮進取的精神將會成為社會的榜樣。

但是，當你們面對家庭，特別是面對自己的孩子時，你們的身分又都是一樣的──家長是孩子的第一任老師和真正的啟蒙老師。

高手學習法

家長──孩子的第一任老師和真正的啓蒙老師

「怎麼可能？」我聽見您充滿疑惑和不解的聲音了，「孩子從幼稚園到小學，期間不知道有多少位老師教過他讀書、學習和做人的道理。他們當中爲什麼沒有一個能夠成爲孩子眞正的啓蒙老師呢？」

的確，孩子是有過不少的老師，而且都是一些相當優秀的老師，他們也確實教會了您的孩子不少知識。但您有沒有注意過：您的孩子自從出生到現在，受誰的影響最大？是學校裡的老師嗎？

細心的家長可能已經觀察到了一些事情：當您的孩子上學時，如果學校裡發生了一些新鮮的事或者他在學校受到什麼委屈時，回到家後是不是會主動向您訴說？當然會。是這樣的嗎？相反，如果您的孩子在家受到責備時，到學校後他會選擇主動跟老師傾訴嗎？當然不會，是這樣的嗎？兩個相同的問題，但面對不同的對象時，答案卻是截然不同，您的孩子較傾向於誰，您還看不出來嗎？

俗話說：「虎父無犬子。」又云：「有其父必有其子。」我們姑且不說父子之間的血緣關係和基因遺傳的關係。

自從您的孩子來到這個世上，當他睜開雙眼看這個世界

時，第一眼看到的就是自己的父母。而孩子最初的學習也是從家庭開始的，還記得您是如何教自己的孩子開口叫「爸爸、媽媽」的嗎？還記得孩子蹣跚學步時您給予他鼓勵的目光嗎？還記得孩子跌倒時您是怎樣鼓勵他自己站起來的嗎？還記得您是如何教孩子認識國字的嗎？還記得……

家庭，不就是孩子最初的課堂嗎？而身為父母，您可稱得上是當仁不讓的教育家呀！可是曾幾何時，當我們的孩子漸漸長大，當他需要越來越多的知識來充實自己時，我們的教育家卻功未成身先退了，而把對孩子的教育全權交給了學校。把孩子送到學校是理所當然的，從某種意義上來說，這是孩子成材的必經之路，但學校並非是培養孩子的唯一地方，只有家庭，才是孩子教育的大本營。因為，在孩子的綜合能力及人品素質等方面的培養上，您依然是身負重任呀！

名師固然能出高徒，嚴師固然也能培養出好的學生，但如果沒有父母的良好合作，名師也只能望「徒」興嘆了。

綜觀歷史，看看那些曾經為人類做出卓越貢獻的天才們的成長經歷，他們其中大多數在剛開始的時候，都曾經接受過家庭良好的教育，這些天才的成功背後包含了多少父母的啟蒙教育與心血的付出！

康熙皇帝如果沒有受到良好的家庭教育，沒有受到孝莊皇

太后的大力培植，恐怕歷史上也不會有這麼一位開創康乾盛世的「千古一帝」。

人爲什麼需要母親？不同人的答案肯定都不一樣，但有一點是可以肯定的，母親曾經是我們的保護傘和護身符，我們都需要被愛，也都需要讓自己的愛有著落。

眞正的愛，是一種理解，更是一種發自內心的信任，而且相互之間是平等的，是沒有任何壓力存在的；眞正的愛，是沒有任何的強迫，也不可能是沒有原則的順從；眞正的愛，不是溺愛，也不是自私的愛，而是一種來自無私的、理性的奉獻。這種愛，就是來自父母的愛和教育。

2 培養小朋友的學習興趣

在以考試分數的高低為標準來衡量學生學習能力的今天，綜合素質教育依然面臨著各種因素的制約和挑戰。

我們的家長下班後問孩子的第一句話是：「今天國語考了多少分？」而美國的家長下班後問孩子的第一句話是：「寶貝！今天又有什麼新發現？」雖然只是一句簡單的問話，卻可以看出兩個國家之間教育觀念的差別。

反觀我們的教育模式，真的很不幸，應考教育造成了整個社會一味地追求考試成績、文憑，而扼殺了創意，不去尋求多方面的發展。

高手學習法

二十一世紀社會的發展已經不同於以往的需求了，衡量人才的標準已經不再是文憑，而是你的特長和多元化知識。

然而眾多家長對孩子教育的看法還依然停滯不前，學校也執著地固守著考試導向的教育，這與快速變化的環境及社會開

放的多元式發展，形成強烈對比，在知識經濟時代裡，對比尤其強烈。

天才之所以能夠成為天才，是他的創造能力遠遠高於常人。那麼，天才的創造能力又是從哪裡來的呢？

興趣，只有興趣才能激發人的創造力，也只有興趣，才能造就天才。

迄今為止，這個世界上還沒有出現過對自己所從事的行業不感興趣的天才。身為父母，您知道自己孩子的學習興趣是哪方面的嗎？所以，您千萬不要為孩子預先設計好他的未來，不要代替他做決定。每個孩子的潛能都是無限的，很多東西，必須由他們自己慢慢領悟、學習。如果什麼都由父母安排好，那麼他們的潛能會被埋沒。

或許您現在還在為自己的孩子感到煩惱，因為您的孩子興趣與愛好實在太多了，而唯獨對讀書一點興趣也沒有，一說讓他去讀書，孩子就緊鎖眉頭，上課也不認真聽講，學業成績當然也就一塌糊塗。問他為什麼，孩子會說：「無趣，一點也不好玩！」、「學不進去，一聽課就想睡覺。」

其實，人的興趣與愛好是在生活中培養起來的，是在學習中培養起來的。孩子對學習的興趣與愛好也是在學習中培養起來的。沒有天生就對學習感興趣的，也沒有天生就對學

習不感興趣的。只是我們的很多家長往往將目光盯在學習興趣方面，而對孩子的其他興趣不屑一顧或橫加阻攔。

不要把您個人的主觀意願強加在孩子身上，就算孩子「服從」了您的安排，他還是學不好。比如：您想讓孩子學習鋼琴、畫畫、舞蹈等，如果您事先沒有跟他進行交流與溝通，直接就幫他報了才藝班，別說他不願去，就算他去了，他也不可能學好。而如果是聰明的家長，會先帶著孩子去觀看鋼琴演出、書畫展覽、舞蹈表演等，讓孩子先和這些高雅的藝術進行直接面對面的交流，再慢慢培養孩子對藝術的興趣。等到孩子興致一來，他自己就會吵著要學，機會不就來了嗎？還需要您苦口婆心地說服和強迫嗎？

所以，您一定得記住，與其千方百計地強迫孩子學習，不如想辦法培養孩子對學習的興趣。改變您「要他學」為「他要學」，效果絕對不會一樣的。

怎麼樣？您也趕緊試試吧！別忘了，想歸想，行動才是最關鍵的嘍！

3 賞識教育
讓小朋友成為天才的秘訣

　　每一個孩子都是天才，關鍵是看您是否引導得當。所有的天才都是教育的結果，孩子未來的命運其實就掌握在您的手中，不管您的孩子現在是多麼的平凡，只要您教育得法，同樣能夠把他培養成不平凡的人。而想要把孩子教育好，您就必須學會賞識教育，即肯定您的孩子、尊重您的孩子，進而賞識您的孩子。

高手學習法

賞識您創造的生命

　　在這個世界上，自從有人類以來就從來沒有過十全十美的人，就算是那些為人類做出過卓越貢獻的偉人、大師、天才，他們的身上都或多或少存在一些缺點。因此，您千萬不要為自己孩子身上的一些缺點而過度焦慮，因為每一個孩子都會擁有屬於他的天賦，關鍵是看您是否能夠發現並加以正

確地引導。退一步說，就算這世上再也沒有其他人看得起您的孩子，身為父母的你們也要眼含熱淚地欣賞他、擁抱他、讚美他，因為這是您創造的生命，您應該為此感到自豪！

在中國大陸有一位賞識教育的創造者周弘老師，他的女兒周婷婷自幼雙耳全聾，到處求醫問診卻收效甚微，沒辦法，只能把唯一的出路寄託在聾啞學校。因此，他研究了古今中外的各種教育，終於發現：每個生命的形成都是一個奇蹟，宇宙的潛能蘊藏在每個孩子的身上，教育的奧秘就是要承認差異，因材施教。雖然他的女兒周婷婷雙耳全聾，但是他堅信宇宙的潛能已蘊藏在自己女兒幼小殘疾的身體裡。

周弘老師對自己女兒的教育，就是把他滿滿的父愛灌注在女兒的幼小的心靈裡，他的這種愛是一種來自理性的愛，他只管播種，不問收穫，因為他永遠堅信自己的女兒肯定行！奇蹟真的出現了，周婷婷上了正常的小學時連跳了兩級；被評為全國十大資優兒童之一；16歲成為中國第一位聾啞少年大學生；23歲時成為美國碩士畢業生。然而，在這奇蹟的背後，包含了周弘老師多少對自己女兒的愛。更令人難以置信的是，這位偉大的父親和教育專家只是一個普通的工廠工人、初中畢業生。

其實，自從您的孩子降臨到這個世界的那天起，他就已經站在自己人生跑道的起跑點上。當他真正起跑時，難免會有挫折、跌倒的時候，他也會感到徬徨、慌張，但是當他聽到父母

在身後高呼「加油」、「衝啊！」的時候，他身體就會被注入無形的力量，哪怕他是第1000次跌倒，他也能夠在第1001次站起來繼續往前跑，直到實現他自己的目標。

1. 懂得愛，更要學會怎樣愛

我們的父母最愛自己的孩子，這是全世界的人都知道的，但是我們的家長太不會愛自己的孩子，也是在世界上出了名的。其實，愛孩子是父母的本能，但問題的關鍵就在於您是否懂得如何去愛。只有您真正地瞭解自己的孩子，真正地懂孩子，您的愛才能真正地有著落。

在我們的生活周遭，之所以經常發生一些我們不願意看到的教育悲劇，其原因並非父母不愛自己的孩子，而是這些父母往往是盲目地愛、盲目地關心自己的孩子，而忽略了孩子成長的規律，其結果也往往是揠苗助長或抑制成長，事與願違，等真正領悟才猛然發現自己犯下了不可饒恕的錯誤，卻已悔之晚矣！

要學會怎樣愛孩子，您千萬不能忽略一個道理，那就是每個孩子身上都彷彿隱藏著兩個小孩，一個是「好孩子」，另一個則是「壞孩子」。「好孩子」是指孩子身上與生俱來的潛力、智慧，以及現在所體現出來的優點、長處等等，這些是我們希望在孩子身上發生的一切美好事物；「壞孩子」是指孩子身上的缺點、短處以及我們不希望在孩子身上發生

的一切不美好的東西。真正懂得愛孩子的父母的一言一行都在喚醒「好孩子」，而不懂得如何愛孩子的家長卻往往會逼出「壞孩子」。

父母教育孩子僅僅擁有一顆愛的心是遠遠不夠的，更重要的是要懂得如何去愛，這才是關鍵，才是一種理性的愛。只有在這種理性關愛下成長的孩子，他的才華才能出眾，他的能力才能超群，他的品德才能高尚，他的身心才能健康，他的人格才能健全。

2. 善於激勵您的孩子

天下的父母沒有不希望自己的孩子成為天才的，只是我們對「天才」這個概念還依然模糊不清。有很多父母認為考試取得高分的孩子就是天才，其實，天才是一種生命狀態。狀態好，凡人也是天才；狀態不好，天才也會變成蠢才！

激勵孩子的第一招就是找感覺。找什麼感覺呢？找好孩子的感覺、找聰明孩子的感覺、找天才的感覺等等，要不斷地在孩子幼小的心靈裡播撒天才的種子，這粒種子就會在孩子良好的心理狀態下生根發芽並茁壯成長，而我們的孩子也會在「我是好孩子」的狀態下快樂地成長。

第二招就是嘗甜頭，一定要讓孩子嘗到成功的甜頭，而不

是吃失敗的苦頭。這一招是不是和您以前的教育方法截然不同呢？在一些傳統的家長中，很多家長的教育老是給孩子苦頭吃，過分強調孩子努力了才能成功。總是生怕孩子不夠努力。響鼓還要重槌敲，於是問題就不可避免地產生了，父母整天盯著孩子的缺點、短處和不足，小題大作，無限誇張，整天除了嘮叨還是嘮叨，除了訓斥還是訓斥，非得把孩子搞得灰頭土臉才自鳴得意，以為自己這樣做就盡到責任了。其結果又怎樣呢？孩子在這種教育方式下的表現除了讓父母失望還是失望。而周弘老師教育自己女兒的特點就是讓女兒嚐到成功的甜頭，因為他知道對孩子幼小的心靈而言，往往看到成功的希望才會去努力，才會用心地去學習。所以，身為父母，應該把目光集中在孩子的優點和長處上，小題大作，無限誇張，讓孩子不斷嚐到成功的甜頭。這樣，孩子的星星之火，便可形成燎原之勢。

孩子找到了天才的感覺，他就能成為天才。

3. 學會尊重孩子

談到尊重別人，或許您就是專家，或許您是企業的模範。因為您平常一向非常尊重您的主管，尊重您的下屬，尊重您的同事，尊重您認識的或不認識的每一個人。但對於自己的孩子，您卻唯獨例外，為什麼會這樣呢？

很多父母在與孩子的溝通上往往都犯了一個致命的錯誤，那就是把孩子當成自己的私有財產。君不見，一些離異的夫妻為了爭奪孩子而不惜反目成仇，對簿公堂，但結果往往卻是父母兩人最終都成為孩子的敵人。父母一旦把孩子當成了自己的私有財產，在平時的生活和工作中，稍有不順心的事就把心中的怒火往孩子身上發，輕則開口辱罵，重則拳腳相向。很難想像，孩子在這種環境下成長會給他的身心造成多大的傷害。

讓我們一起來欣賞這首黎巴嫩詩人紀伯倫寫的小詩吧！

你的孩子其實並不是你的孩子，

他們是生命之火的兒女；

他們透過你來到人世，

卻不是你的化身，

他們整天和你生活在一起，

但並不屬於你。

如果我們每一位父母能懂這首詩的意境，就會懂得如何尊重自己的孩子，就不會再把孩子當成自己的私有財產，而是當作人類的孩子來對待，就可以超越個人情感、超越功利的心態，用理性去關懷自己的孩子，愛護自己的孩子。

為小朋友創造良好的學習環境

《三字經》中說：「養不教，父之過；教不嚴，師之惰」。台灣自古就有重視家庭教育的優良傳統，孩子最初的世界觀的形成、對學習的態度、看問題的思路都將受到家庭的極大影響，家庭教育的成功與否將直接影響孩子的一生。生活在一個整體素質差的家庭環境是培養不出孩子高尚的學習習慣和生活情操的。孩子只有生活在和諧、融洽的家庭中，才會感到快樂，才能積極向上。父母要為孩子創造一個在關愛中成長、在愉快中學習、在歡笑中生活的好環境。孩子只有在這樣的環境中生活，才會發現自己的能力並且逐步形成自我控制和關心別人的能力。

高手學習法

那麼，身為父母應該怎樣為孩子創造一個良好的家庭學習環境呢？

第一，重視「身教重於言教」。父母在家盡量不做分散孩子注意力、影響孩子讀書的事。父母可以適當陪同、協

助、監督孩子完成學習任務，但又要給孩子一定的自由空間，不要在孩子學習時跟孩子嘮嘮叨叨。要讓孩子安心學習，家長首先要定下心來，可以看看書報，做一些不出聲、不引起孩子轉移注意力的事。為孩子創造一個安靜、學習的良好氣氛，遠比坐在孩子身邊加以監督有效許多。比如，父母也可以創建「學習型」家庭環境，父母若積極向上，很少把時間花在逛街和看電視等事情上，媽媽爭取時間學電腦，爸爸利用空餘時間鑽研業務，學習專業知識，使孩子感覺到父母這種年紀也要不斷學習，自己更加要努力學習。

第二，讓孩子有個固定的良好學習環境。包括單獨的房間、固定的書桌、專用的護眼檯燈等等，讓孩子一踏入這個環境，就全心地投入學習氛圍中，養成孩子專心做事的習慣。

第三，鼓勵孩子為自己制訂一個明確的時間安排表。例如可以制訂一個每日時間表，每週學習計畫，短期和中長期學習規劃。要求孩子合理安排學習與娛樂的時間並主動遵守。週末可抽部分時間看電視和做孩子特別感興趣的事（上網等），鬆弛一週的緊張學習所帶來的精神壓力，防止孩子產生厭學情緒。

第四，經常帶孩子逛書店，讓孩子把書當作自己從小到大的好朋友。父母可以每週帶孩子去一趟書店，幫孩子挑選學習書籍，或讓孩子找自己喜歡的課外讀物，開拓孩子的視野，培養孩子的興趣。

5 培養小朋友良好的學習習慣

培根說過：「習慣是一種頑強而又強大的力量，它可以主宰人生！」好習慣使孩子一生受益，而壞習慣會貽誤終生。古人云：「養習於童蒙。」意思是好習慣要從孩提時代開始培養。一個合格的家長應該是孩子良好習慣的設計者，因為兒童尚未建立自己的心理定勢，是最容易養成習慣的階段。下面幾點是培養孩子養成良好習慣的方法，相信對您一定會有很好的幫助。

高手學習法

從小事做起

古人有一句名言：「勿以善小而不為，勿以惡小而為之。」要養成良好的學習習慣，家長必須讓孩子從點滴小事做起。例如，今日事今日畢，按時交作業，家長要盯住不放，持之以恆，堅持到底。經過長期訓練，孩子便會養成好習慣。值得一提的是，在培養孩子習慣時，切忌要求過多，

追求完美。這樣做的結果，往往一事無成──不斷地提要求，沒有一個要求落實，倒有可能養成一些不良習慣。所以，家長一定要循序漸進，掌握一項，堅持不懈地培養一個好習慣。日積月累，逐步幫助孩子養成各種良好的學習習慣。

1. 以身作則，創造良好的學習環境

對待孩子的學習，有的父母往往說得多，做得少，要求孩子學習專心致志，精神集中，可是自己卻不能嚴格要求自己做出榜樣。經常在家打麻將、打牌、玩遊戲機、看電視等等而干擾孩子學習，可以肯定的說，這種環境下成長的孩子除非他自身有極強的意志力或是對學習有極大的興趣，否則是不可能養成良好的學習習慣的。要求孩子做到的，家長首先要做好，喊破嗓子不如做出樣子，家長要以身作則，做個學習型的父母。在潛移默化中影響孩子，進而培養孩子良好的學習習慣。

2. 嚴格要求，反覆訓練

任何習慣必定需要訓練乃至強化，對於孩子尤其需要規範其行為，才會培養出良好的習慣。學習習慣的養成與改變，在取得徹底成功之前，不能有絲毫懈怠。一直要堅持到壞習慣消失殆盡，好習慣根深蒂固的時候為止。

3. 培養孩子良好的學習心態

　　孩子學習的過程是艱苦的，但有苦也有樂。當孩子自覺性比較好的時候，應給予充分地肯定和鼓勵，當孩子取得每一點進步時應即時表揚，讓孩子感到受到重視，而良好的習慣應該是個自覺的行為。當孩子自覺性比較差的時候，應嚴厲指責，幫助他，使其改正缺點，張揚個性、奮發向上。

　　只要父母根據孩子的心理特點，採取有針對性的方法，不採取極端或粗暴的方式，就能幫助孩子養成良好的學習習慣。

6 如何幫小朋友制訂學習計畫

很多孩子在家裡學習時，隨心所欲，經常是只學習喜歡的科目，而且同時有很多不良習慣，比如邊學習邊看電視，注意力不集中等等，這樣是肯定學不好的。

最讓父母傷腦筋的是孩子在家學習時「沒有毅力」、「時好時壞」、「白天貪玩，晚上熬夜」、「貪玩佔據了學習時間」、「沒有作業就不學習」。這些都是由於沒有學習計畫引發的問題。為了提高學習效率，重要的是要制訂並實行學習計畫。當然，制訂學習計畫時，短期計畫和長期計畫是不同的，低年級和高年級學生時制訂計畫的方法也是不同的，低年級學生要以每天的預習、複習為中心制訂計畫。

高手學習法

那麼，父母應該怎樣幫助孩子制訂學習計畫呢？我們這裡為您介紹的是制訂學習計畫時應注意的一些事項：

1. 配合學校的節日和課程表安排每天的預習和複習，家庭

作業要最先做。

2. 不要制訂難以完成的計畫。制訂學習計畫時要考慮上學、睡眠、休息和吃飯的時間，做到切實可行。

3. 制訂家庭學習計畫時要盡量具體。不要只是「晚上7點到9點學習」，而要把實際學習科目都訂下來。如「7點到8點，算術」、「8點到9點，國語」，特別是低年級，父母要把學習科目幫孩子訂下來，盡可能按要求完成，就會不浪費時間，提高學習效率。

計畫制訂後，父母必須監督、引導孩子認真實行。根據條件反射原理，「每天在同一地點、同一時刻進行學習」是非常重要的。也就是說，每天同一時刻、同一地點進行學習，就會不知不覺地養成習慣，只要一到這個時間，一走進這個地點，就自然而然地引發學習的心情。父母應該幫助孩子做到以下幾點，以確保計畫的順利執行：

1. 只要不是生病，一定要按照計畫進行。

2. 按照規定時間和預先計畫的科目進行學習。

3. 在書桌前坐下來，就要馬上著手學習。

4. 到了規定時間就要停止學習，要肯定孩子按時完成的努力態度。

5. 到了規定時間仍沒完成學習計畫時也不要過於介意，一定要循序漸進地培養孩子的學習效率。

在家裡學習的時間主要是下午放學回家後到晚餐前、晚餐後到睡覺前。制訂計畫時要選擇其中最有利於學習的時間。孩子下午放學回家早，通常是吃完點心後就做作業，晚上再做預習和複習，要注意控制孩子看電視的時間和內容，學習前看的電視內容應以新聞節目為主。事實上如果看完一些娛樂節目再學習，孩子會有很長一段時間難以靜下心來。早上時間短可以預習功課，到了上學時間就立即停止。即使學習10分鐘或15分鐘也是好的。每天持續做下去，就不會有不懂得如何學習的孩子了。一般說來，開夜車學習是效率不高的，不要鼓勵孩子學習得太多、太晚。在家學習的時間安排，一般來說，小學一年級以30分鐘到1小時，二年級以1小時，三、四年級以1小時到2小時，五年級以上以2小時到2小時30分鐘為宜。

7 如何培養小朋友的自信心

有人曾問過居禮夫人：「您認為成材的竅門在哪裡？」居禮夫人肯定地說：「恆心和自信力，尤其是自信力。」居禮夫人說的自信力就是我們所說的自信心，它是進取心的支柱，是有無獨立工作能力的心理基礎，是激動人的各種潛在能力去克服困難的巨大動力。自信心對孩子健康成長和各種能力的發展有十分重要的意義，少年的自信心對一個人的一生具有舉足輕重的作用。自信心可使孩子不怕困難，積極嘗試，奮力進取，取得更多的知識和經驗，爭取更好的成績。

高手學習法

那麼，父母如何培養孩子的自信心呢？我們可以從以下幾點做起：

1. 要正確調整自己與孩子間的關係。孩子與父母間的關係如何，基本上決定了他的自信心程度，培養孩子的自信心，首先應檢視一下自己與孩子的關係是否有助於孩子自信

心的培養。如果孩子感到父母喜歡他、尊重他，態度溫和，給孩子的感覺很好，往往就能使孩子活潑愉快、積極熱情、自信心強。相反，如果父母對孩子經常訓斥，態度粗暴、冷淡，孩子就會情緒低落，對周遭的事物缺乏主動性和自信心。

2. 重視與保護孩子的自尊。聰明的父母對待孩子時，總是多一點讚賞，少一點責備，這樣有助於維護孩子的自尊心，進而使孩子對自己的學習充滿信心。因此，身為家長，切忌諷刺、挖苦孩子，不要拿別家孩子的優勢比自家孩子的不足，不要在別人面前懲罰孩子，不把孩子的話當「耳邊風」，不濫用權威，以免損傷孩子的自尊心，使之產生自卑感，而喪失孩子的自信心。

3. 要善於找出孩子的優點。這個世界上沒有一無是處的孩子，每個孩子都會有長處。身為家長，一定要學會觀察自己的孩子，您就不難找到孩子身上的優點。如果掌握這些優點，不斷地肯定孩子、認可孩子，孩子的優點就會越來越精進，並不斷地擴大。這樣就能順利的激發孩子的自信心。

4. 讓孩子從成功的喜悅中獲得自信心。培養孩子自信心的條件是讓孩子不斷地獲得成功的體驗，而過多的失敗體驗，往往使孩子對自己的能力產生懷疑。比如孩子考試前，自信地對您說：「媽媽，這次考試我一定能得滿分！」可是結果卻差那

麼一點點時，身為家長的千萬不能嘲笑自己的孩子，而應該照樣鼓勵，激勵孩子下次繼續努力。當然，家長應根據孩子發展特點和實際能力，確立一個適當的目標，使孩子經過努力就能完成。切忌目標訂得太高，超出實際能力，致使孩子的自信心屢屢受挫，致使產生厭學的態度。

有的家庭一切都是父親（母親）做主，孩子沒有和父親（母親）討論的餘地，生長在這類專制家庭裡的孩子，往往和小朋友不能友好相處，情緒不穩定，膽小，沒主見，缺乏獨立性。而生活在民主家庭裡的孩子則善於和同伴友好相處，他們懂得關心別人，情緒穩定，獨立思考能力比較強，智力發展也非常好。

8 幫小朋友請家庭教師
應注意哪些方面

　　如今，越來越多的家長都希望幫孩子請家教。然而，對於有沒有必要幫孩子請家教，請家教應該注意哪些事項等問題，很多家長依然存在著很大的盲點。

　　客觀地說，幫小學生請家教有利也有弊。好處是現在學校學生比較多，老師講課主要以中等學生理解和接受力為主，有些孩子反應慢，難免跟不上老師講課的進度，適當地請家教可以查漏補缺。壞處是孩子會對家教產生依賴心理，覺得不管學得怎樣，反正放學回家還有老師教，導致課堂聽課品質更差。其實，對小學生來說，課業並不重，通常學生在課堂上就能把知識消化、掌握。

高手學習法

　　至於是否幫孩子請家教要看孩子的實際情況而定，看家庭的具體情況而定，但父母應當把握以下這些原則：

　　1. 要考慮自己的孩子是否適合請家教。孩子如果學習態度

正確，學習有一定的自覺性，能夠獨立完成老師規定的作業，就沒有必要請家教。如果孩子因故誤課較多，跟不上學習進度，或者存在偏科現象等等，這時便可以考慮幫孩子請個家庭教師。

2. 要明白家教固然對一些孩子的學習有所幫助，但由此帶來的負面影響也是不容忽視的。比如請家教會傷害孩子的自尊心，使孩子產生「我不行」的心理壓力，嚴重者還容易喪失學習的信心。同時，請家教還容易使孩子產生依賴心理，認為上課「聽不聽無所謂，反正有家庭教師」。更重要的是，請家教增加了孩子的學習負擔，使得本已少得可憐的課餘時間被佔用了。如果所請的教師缺少正確的教學方法，那麼，孩子的學習只會事倍功半，甚至「誤入歧途」。

3. 如果準備幫孩子請家教，那麼如何選擇合適的老師至關重要。基本原則是要能適合自己的孩子，讓孩子能積極、主動地去學。比如請在校大學生可能經驗不足，教學大多不夠系統化，但是與孩子年齡接近，思維活躍，比較容易和孩子溝通。如果請在職教師，教學經驗豐富，但是在靈活性和與孩子交流對話方面可能略為欠缺。有的孩子在課堂上總是羞於向老師發問，即使鼓足勇氣發問，如果老師不注意方式與方法，當面指責，會打擊孩子的積極性，甚至產生自卑心理。這時如果請一位好的家庭教師，不僅可以講解孩子沒有

學會的知識，還能夠幫助他樹立起學習的信心。

4. 要謹記父母是孩子最好的老師，再忙也要抽時間跟孩子溝通與交流。如果幫孩子請家庭教師，也要把孩子和自己的要求告訴家庭教師，而不應該透過家教來瞭解孩子。

對於請家教應該注意的問題，一位小學校長提出的以下建議或許可為望子成龍的父母們指點迷津。

1. 請家教前應事先徵求孩子在校老師的意見，請家教以後也應讓家教即時與老師進行溝通，使老師和家教都能真正瞭解孩子的具體狀況，進而達到學校與家庭教育的統一。

2. 所請家教不僅要瞭解其知識是否豐富，更要瞭解其是否擁有愛心和良好的素質。家教在教孩子時，不但是在教知識，同時也是在透過自己的言行影響孩子思想性格的形成。

3. 評價家教的教學品質不能單純看孩子的成績，更要看孩子有沒有養成良好的思考習慣和學習方法，所謂：「授之以魚，不如授之以漁。」

4. 家教最好請學科知識淵博、教學經驗豐富的年輕在職老師。在性別選擇上，小學生請男性教師較好。在威嚴的男教師面前，孩子的頑皮、任性就會收斂，進而專心致志地接受輔導。

如何培養小朋友獨立
學習的能力

　　想要真正提高孩子的學業成績，最重要的是要讓孩子自己有學習的使命感，也就是我們常說的，要由「要我學」轉變為「我要學」。那麼，我們應該怎樣培養孩子獨立學習的能力呢？

　　一位優秀的學生的家長認為：靠天靠地不如靠自己。他從來沒有給孩子當陪讀，也沒有請過家教，盡量減少孩子對家長的依賴性，讓孩子自己面對學習，承擔責任。有一位家長就是這樣，她經常對自己的孩子說：「自己的事情還是自己做，不要依靠大人。」比如，孩子在寫國語作業的時候，遇到不會寫的字常來詢問，這位家長並沒有敷衍了事，而是找來字典教他查字典的方法，之後，字典就成了孩子的半個國語老師。

 高手學習法

249

當孩子對數學應用題不會列式而求助於她時，她也並不急於幫助他列出公式，而是啓發他反覆分析例題，深刻理解各項已知條件和所求未知數之間的等量關係，並分析習題與哪一類型的例題比較接近，有哪些共同點和不同點，在列式過程中注意體現出哪些區別等等。說完這些道理後，還是讓他自己動腦筋列公式。透過這種一點一滴的培養，使孩子逐漸養成依靠自己而不依靠別人的良好習慣。

　　對於孩子放學後的課餘時間，父母最好不要強行安排他如何學習，而把自主權交給孩子，告訴他只要把老師當天教過的內容都弄懂，「消化」了，就可以和小朋友玩。這樣，孩子在小學階段的學習有張有弛，對孩子身心健康的發展發揮了良好的促進作用。

　　這種讓孩子自我管理的學習方法值得許多家長借鏡，具體來說，就是幫助孩子制訂並實行學習計畫的過程中，讓他養成自己管理自己的生活，自己支配自己行動的能力。爲了要養成孩子的這種能力，下面介紹的幾點需要家長幫助孩子建立起來。

　　1.設立目標。學習中自己設立目標並爲實現目標而努力。只有確立明確的目標，孩子的學習目的才能明確，才能找到努力的方向。並爲實現自己的目標而不斷地進取。

　　2.觀察和記錄。培養孩子自己觀察自己的作業並做記錄。學習時，對學習時間、完成的問題數、技能練習的時間、讀書的頁數和冊數都應瞭解和記錄。經過一段時間，孩子很快地就會發現自己的進步，只要看到了進步，就會有成就感，只要有了成就感，孩子就會自覺地努力。因為他知道自己繼續努力的話，就會取得更大的成就。

　　3.自我評價。培養孩子對自己進行客觀地評價，雖然這種方法剛開始很難，畢竟孩子的一些缺點需要他自己去直接面對，這需要很大的勇氣，需要父母正確地加以引導。一旦孩子真正地認識了自己，他獨立學習的能力就會得到真正的提高。

　　4.自我強化。培養孩子寫作業時規定自己在一定的時間限制內完成，並給予一定的物質獎勵和精神獎勵。

10 教小朋友如何正確運用網路資源

我們現在所處的時代是一個資訊爆炸的時代，越來越多的家庭已經具備了讓孩子們盡早地接觸網際網路的條件。在這個浩瀚的知識海洋和資訊空間裡，卻同樣存在著利弊。一方面，豐富的網路資源使孩子們眼界大開，可以學到許多書本上沒有的知識，縮短了孩子與社會各個方面、世界各個角落的距離，父母們為之欣喜；另一方面，過度沉溺於網路而影響學業、網路上不健康內容的侵蝕以及網路上交友不慎造成的悲劇，又使得父母們無比憂慮。網路以驚人的速度在迅速滲透到我們生活的每一個角落。

高手學習法

孩子領悟力很強，但在自我保護意識和拒絕誘惑方面卻仍是一片空白，家長如何認識網路，加強管理，指導孩子正確運用網路資源，已成為家庭教育一個不容忽視的新課題。

當家長急於尋找指導孩子良方的時候，一個重要的前提是

家長本身必須先瞭解網路，學習駕馭網路。一些家庭有了電腦連接網路，父母把這些當成是給孩子的智力投資，卻把自己排除在外。如果父母拒絕學習，對網路一無所知，卻不時地對孩子提出一些「外行」的要求，或者強行剝奪孩子上網的自由，又怎能讓孩子服氣、讓孩子接受正確的教育呢？所以，身爲父母首先要轉變觀念，改變單純的教育者的角色。要幫助孩子，先從充實自己開始，這對於提高自身素質也是十分必須的。而且，透過與孩子共同的學習，不僅能夠掌握網路知識與技能，還能給孩子樹立一個好的榜樣，更能促進親子間的溝通與交流。

在家裡上網，家長可以有目的地收集一些健康、益智青少年網站的網址，推薦給孩子。家長要以喜聞樂見的形式爲孩子們提供豐富的學習內容。在這裡，孩子們學習、娛樂、交友、聊天無所不能，從網路上汲取了知識、獲得了快樂，而不是毫無目的地在網路上亂逛，自然也就減少進入一些不適宜孩子健康成長的網站。

對於網路上不健康內容的防範，以及孩子上網時間過長影響學習、影響身體的問題，有的家長「因噎廢食」，採取杜絕孩子上網的辦法，但這是一種極不明智的方法。畢竟網路是現代社會需要掌握的新的學習方法和工具，對孩子發展的作用是利大於弊，對於可能出現的問題，重要的是做到

「防患於未然」。也就是說，當孩子接觸網絡之初，家長就應當積極引導，比如教導孩子不迷戀網咖，與孩子共同商定在家上網時間，確認課業學習、文體活動、培養其他興趣和愛好與在網路活動的關係；加強防範措施，比如在自家的電腦裡安裝使用一些過濾不健康內容的軟體和對電腦上網時間的次數進行監控的軟體；要求孩子做出必要的承諾，比如不在網路上使用污穢語言、不與網友討論不健康的問題等等，幫孩子提高自制能力。

總之，對所有善良的父母來說，大可不必「談網色變」，對待問題要宜「疏」不宜「堵」，要知道，被動地禁止或者由於無奈而放縱，都絲毫無益於孩子的健康發展。父母應當經常與孩子溝通，瞭解孩子在網路上的學習情況以及發現的一些新鮮事情，並經常與孩子進行交流使用網際網路的經驗。針對電腦和網路的使用在孩子身上出現的問題，有專家說，「呼籲社會不如呼籲自己，只有你自己，才能給孩子最好的幫助。」

11 美國家長給台灣家長的 40條建議

　　並非我們要「崇洋媚外」，而是站在客觀的角度上去看問題，美國的家長確實比我們台灣的家長會教育自己的孩子，這不僅僅是區域文化差異的不同所引起的，更為重要的是觀念上的差異所引起的。

　　當台灣家長的教育觀念還停留在「君叫臣死，臣不得不死；父叫子亡，子不得不亡。」的封建思想的死胡同裡掙扎時，美國的家長就已經提出了以培養明天的天才為己任，全面地培養自己的孩子的戰略目標；當台灣的一些家長終於醒悟過來，卻又陷入了「一切為了孩子」、「以孩子為中心」的迷思時，美國的家長卻更加注重對孩子成長考試過程的磨練，他們看似不關心和不愛護自己的孩子，但只要我們真正瞭解他們與孩子相處過程中的點點滴滴，就不難發現他們教育孩子時所體現出來的一種藝術的魅力。

高手學習法

以下是美國學者戴維‧路易斯提出的如何教育孩子的40條建議，希望能對您有所幫助：

（1）對孩子提出的所有問題，都耐心、老實地做出回答。

（2）認真對待孩子提出的看法。

（3）擺一個陳列架，讓孩子在上面充分展示自己的「作品」。

（4）不因為孩子房間裡或者桌面上很亂而責罵他，只要這與他的學習有關。

（5）給孩子一個房間或者房間的一部分，供孩子玩耍。

（6）向孩子說明，他本身已經很可愛，用不著再刻意表現。

（7）讓孩子做能力所及的事情。

（8）幫孩子制訂個人計畫和完成計畫的方法。

（9）帶孩子到他感興趣的地方玩。

（10）幫助孩子修改作業。

（11）幫助孩子與來自不同社會文化階層的孩子正常交往。

（12）家長養成良好的行為習慣並留心讓孩子學著去做。

（13）從來不對孩子說他比別的孩子差。

（14）允許孩子參加家庭計畫討論和外出旅行。

（15）向孩子提供書籍和資料，讓孩子做自己喜歡做的
事情。

（16）教孩子與各種年齡的成年人交往。

（17）定期爲孩子讀點東西。

（18）讓孩子從小養成讀書的習慣。

（19）鼓勵孩子編故事和幻想。

（20）認眞對待孩子的個人要求。

（21）每天都抽出時間和孩子單獨在一起。

（22）不用辱罵來懲罰孩子。

（23）不能因孩子犯錯而戲弄他。

（24）表揚孩子背詩、講故事和唱歌。

（25）讓孩子獨立思考問題。

（26）詳細制訂實驗計畫，幫助孩子瞭解更多的東西。

（27）允許孩子玩各種無毒廢棄物。

（28）鼓勵孩子發現問題、解決問題。

（29）在孩子所做的事情中，不斷尋找值得讚許的地
方。

（30）不要空洞地或不眞誠地表揚孩子。

（31）誠實地評價對孩子的感情。

（32）不存在家長和孩子完全不能討論的問題。

（33）讓孩子有機會眞正做決定。

（34）幫助孩子成爲有個性的人。

（35）幫助孩子尋找值得看的電視節目。

（36）發揮孩子積極認識自己的才幹和能力。

（37）不對孩子的失敗表示瞧不起，並對孩子說：「我也
　　　不會做這個。」

（38）鼓勵孩子盡量不依賴成年人。

（39）相信孩子的理智並信賴他。

（40）讓孩子獨立完成他所做的工作的基本部分，哪怕不
　　　會有積極的結果。

如何考上第一志願

陳光邏輯超強記憶

保證提昇記憶速度 10~100 倍

長恨歌、琵琶行、文章輕鬆順倒背

一小時記憶400個以上英文單字

提昇邏輯思維數理能力

(02)2365-7766

國際名師

陳光

了解更多陳光邏輯式記憶機密
www.719.com.tw

國家圖書館出版品預行編目資料

考試高手－國小篇／陳光總主編.
第一版──臺北市：紅蕃薯文化出版；
紅螞蟻圖書發行, 2008.5
面； 公分. ──（資優學園；6）

ISBN 978-986-83862-7-3（平裝）

1.學習方法 2.考試指南 3.升學考試
521.1   97005725

資優學園 6

考試高手－國小篇

總 主 編／陳　光
美術構成／魏淑萍
校　　對／周英嬌、楊安妮、朱惠倩
發 行 人／賴秀珍
榮譽總監／張錦基
總 編 輯／何南輝
出　　版／紅蕃薯文化出版有限公司
發　　行／紅螞蟻圖書有限公司
地　　址／台北市內湖區舊宗路二段121巷28號4F
網　　站／www.e-redant.com
郵撥帳號／1604621-1　紅螞蟻圖書有限公司
電　　話／(02)2795-3656（代表號）
傳　　真／(02)2795-4100
數位閱聽／www.onlinebook.com
港澳總經銷／和平圖書有限公司
地　　址／香港柴灣嘉業街12號百樂門大廈17F
電　　話／(852)2804-6687
新馬總經銷／諾文文化事業私人有限公司
新加坡／TEL：(65)6462-6141　FAX：(65)6469-4043
馬來西亞／TEL：(603)9179-6333　FAX：(603)9179-6060
法律顧問／許晏賓律師
印 刷 廠／鴻運彩色印刷有限公司
出版日期／2008年5月　第一版第一刷

定價260元　港幣87元

ISBN 978-986-83862-7-3　　　　　Printed in Taiwan